Die Rückruf-Fibel
Hundetraining mit Spaß und Niveau

Arbeitsbuch

Für Nilou und Tahmi

Impressum

Die Deutsche Nationalbibliothek verzeichnet diese Publikation in der Deutschen Nationalbibliografie; detaillierte bibliografische Daten sind im Internet über http://www.dnb.de abrufbar.

Das Werk einschließlich aller seiner Teile ist urheberrechtlich geschützt. Jede Verwendung außerhalb der engen Grenzen des Urheberrechtsgesetzes ist ohne Zustimmung der Autorin unzulässig und strafbar.

Das gilt insbesondere für den Vertrieb oder anderweitige Vervielfältigungen, Übersetzungen, Mikroverfilmungen und die Einspeicherung und/oder Verarbeitung in elektronischen Systemen. Alle Rechte liegen bei der Autorin.

© 2014 Celina del Amo

Herstellung und Verlag: Books on Demand GmbH, Norderstedt
Umschlagsgestaltung: Nicole Ressing, info@signsfiction.de
Bild Cover: www.tierfotoagentur.de/Y. Janetzek

ISBN: 9783735721051

Interaktive Website:
www.rueckruf-fibel.de

Die Rückruf-Fibel

Hundetraining mit Spaß und Niveau

Celina del Amo

Inhaltsverzeichnis

Einleitung 13

Ausgangssituation 15

Der IST-Zustand der Partei „Hund" 16
    Hundsein unter die Lupe genommen 16

Der IST-Zustand der Partei „Mensch" 21
    Unser Anteil am Erfolg 22
    Allgemeingültige Lebensziele 24

Fehleranalyse 25

Mangel an strukturiertem Training 27
    Fehlerquelle Nr. 1: Tiefe Brunnen 28
    Fehlerquelle Nr. 2: Falsche Überzeugungen 28
    Fehlerquelle Nr. 3: Freiheiten gönnen 30
    Fehlerquelle Nr. 4: Nie ohne Leine 31

Der Teufel steckt im Detail – Das Signal und seine Tücken 32
    Fehlerquelle Nr. 5: Das unbekannte Signal 32
    Fehlerquelle Nr. 6: Definitionsmangel 33
    Fehlerquelle Nr. 7: Uneinheitlichkeit 35
    Fehlerquelle Nr. 8: Training und Alltag 36
    Fehlerquelle Nr. 9: Nähe und Weite 37

Fehlerquelle Nr. 10: Peilsender	38
Fehlerquelle Nr. 11: Handlung ohne Bezug	39
Strafen und ihre Folgen	40
Fehlerquelle Nr. 12: Strafen und Schelte	40
Fehlerquelle Nr. 13: Indirekte Strafen	41
Fehlerquelle Nr. 14: Unabsichtliche Strafen	44
Fehlerquelle Nr. 15: Unangenehme Folgen	45
Mangelnder persönlicher Erfolg	46
Fehlerquelle Nr. 16: Verleitungen	47
Fehlerquelle Nr. 17: Das Ende allen Spaßes	48
Kommunikation, Emotionen und Gefühle	49
Fehlerquelle Nr. 18: Ängstlichkeit	50
Fehlerquelle Nr. 19: Bedrohung	51
Fehlerquelle Nr. 20: Ausstrahlung	52
Chaos, Kummer, Konsequenzen	53
Trainingsplanung	**63**
Trainingsgrundregeln	64
Geborgenheit und Unversehrtheit	65
Angst	66
Körperliches Unwohlsein	66

Einsatz von Belohnungen	67
Futter	68
Spiel und Spielzeug	69
Streicheln und Körperkontakt	70
Lobwort	72
Clicker	73
Situative Belohnungen	74
Werteanalyse der Belohnung	75
Übung: Die individuelle Belohnungsskala	76
Freizeitgestaltung	80
Spaß und Freiheit	80
Trainingspausen	83
Auslastung	84
Bindung und Führung	85
Souveränität	87
Leistungsanerkennung	87
Konsequenz	87
Aktive Vorarbeit zur idealen Trainingsbasis	89
Der Mensch im Fokus	89
Planung ist die halbe Miete	90
Übung: Strategisches Handeln	90
Magnetische Anziehung	90
Übung: Der sichere Snack (Mensch)	91

Übung: Den Weg vorgeben	91
Übung: Freiheit und Freizeit mit Jojo-Effekt	92
Weitsicht und Management	92
Übung: Die Sinne schulen	93
Übung: Die Spendierhosen anhaben	93
Der Hund im Fokus	**93**
Blickkontakt	94
Übung: Angucken ohne Kommando	94
Sicherheit	95
Übung: Der sichere Snack (Hund)	96
Bindung	99
Übung: Richtungswechsel	99
Übung: Rückruf ohne Rufen	100
Übung: Verstecken	101
Das planerische Feintuning	**102**
Die Zieldefinition	104
Trainingssicherheit wahren	105
Das Leistungssignal	106
Die Wahl des Rückrufsignals	108
Beispiel einer Signaldefinition	109
Timing – der Schlüssel zum Erfolg	111

Aufmerksamkeit und Motivation	113
Chancen richtig einschätzen	117
Den Hund abholen	117
Den Namen einsetzen	119
Die Ableinen-Routine	120
Das Freizeitkommando	122

Übungskatalog 127

Individueller Trainingsplan	128
Übungen für Trainingsanfänger	130
Nähe zahlt sich aus!	130
Leistungssignal	130
Kontrollierter Rückruf	131
Alltagssignal - KOMM	132
Snack-Attack	132
Spiel-Verknüpfung	134
Rückruf mit Vorsitzen	135
Rückruf in die Grundposition	138
Rückruf-Such-Spiel	140
Trainingsübungen für Fortgeschrittene	141
Rückruf ohne Rufen	142
Leistungssignal	142

Jetzt oder nie!	143
Kontrollierter Rückruf	144
Alltagssignal - KOMM	144
Spiel-Verknüpfung	146
Rückruf mit Vorsitzen	146
Rückruf in die Grundposition	149
Rückruf mit Sichtzeichen	149
Rückruf-Such-Spiel	150
Training für Meisterschüler	151
Rückruf ohne Rufen	152
Leistungssignal	152
Kontrollierter Rückruf	154
Alltagssignal - KOMM	155
Rückruf mit Vorsitzen	155
Rückruf in die Grundposition	156
Rückruf-Such-Spiel	157
Allgemeiner Trainingsfeinschliff	157
Übungskombinationen für den Alltag	158
Kontrollierter Rückruf und Vorsitzen	158
Rückruf-Such-Spiel und Spiel-Verknüpfung	159
Rückruf-Such-Spiel und APPORT	160
Rückruf-Such-Spiel und Anleinen	160
„Jetzt oder nie" und Verstecken	161

Problemlösungen	163
Schwierige Situationen meistern	164
Problem 1: Angst	165
Problem 2: Jagdambition	167
Problem 3: Bewegungsreize	168
Problem 4: Fremde Hunde und Menschen	169
Problem 5: Fressverleitungen	170
Problem 6: Stressbelastungen	171
Problem 7: Rudeldynamik	172
Problem 8: Kritische Distanz	174
Problem 9: Handlungsketten	175
Betrachtung der Gesamtsituation	177
Anhang I	179
Übersicht über die Rückruf-Signale dieser Fibel	180
Übersicht über andere Signale dieser Fibel	181
Übersicht über rückrufassoziierte Übungen	182
Anhang II	183
Welche Übungen passen zu wem?	184
Übungsauswahl für Hund: ...	187
Wann macht Rufen Sinn?	188
Die Autorin	190
Übersicht über bisher ershienene Titel	191
Danksagung	195

Einleitung

Der Rückruf ist eines der wichtigsten Kommandos in der Hundeausbildung und -haltung. Das Zusammenleben mit einem Hund funktioniert tatsächlich über weite Strecken völlig reibungslos, wenn er nur den Rückruf perfekt umsetzt. Die Standardsituation, in der der Rückruf üblicherweise eingesetzt wird, bezieht sich auf eine (Wieder-)Annäherung an den Tierhalter, wenn sich der Hund (zu weit) entfernt hat oder sich in einer gewissen Entfernung aufhält. Weiter gefasst kann der Rückruf aber auch eingesetzt werden, um den Hund beispielsweise von unerwünschtem Tun abzuhalten. Auf diese Weise erhält der Rückruf auch noch eine andere Bedeutung. Er wird zum universalen Instrument des Menschen, um den Hund zu führen und zu lenken.

Leider ist es eine Tatsache, dass eine große Anzahl von Hunden genau bei diesem Signal mehr oder weniger starke Defizite im Gehorsam aufweisen. Sie alle kennen „Der tut nix!"-Situationen, in denen einem anderen Menschen eine (nicht immer richtige) Charakterbeschreibung des Hundes geliefert wird, als dass der Tierhalter seinen Hund zu sich heranruft. Ebenso beliebt sind die Erklärungen der Handlungsabsicht „Der will nur spielen!" und einige weitere beliebte Klassiker, die auf der Seite des Gegenübers meist auf wenig Verständnis oder Gegenliebe stoßen.

Solange offenkundig ist, dass der Halter des Hundes selbst keinerlei Kontrolle über seinen Hund hat und wahlweise weder in der Lage noch willens ist, sein Tier abzurufen, verpufft die Wirkung der positiven Attribute und Absichten, die er seinem Hund verbal bescheinigt, ins Nichts. Beruhigung verfehlt, Ärger und ggf. auch Angst geschürt.

Der Aufbau eines zuverlässigen Rückrufsignals ist im Grunde aber weder schwierig noch ist es Zauberei. In den folgenden Kapiteln werden wir der Sache auf den Grund gehen.

Kapitel 1
Ausgangssituation

Ausgangssituation

Schauen wir uns zunächst einmal die Ausgangssituation an. Wir haben es mit zwei Parteien zu tun: Hund und Mensch.

Beide bringen bestimmte Eigenschaften, Einstellungen, Talente und Werte mit, die es beim Rückruftraining unter einen Hut zu bringen gilt.

Der IST-Zustand der Partei „Hund"

Um einen optimalen Trainings(schlacht)plan zu entwickeln, ist es wichtig zu wissen, was es im Hinblick auf den Rückruf auf Hundeseite zu berücksichtigen gilt. Werfen wir also einen Blick auf die Haupteigenschaften eines Hundes:

- Der Hund ist ein Rudeltier.
- Der Hund ist ein Jäger.
- Der Hund verfügt über hochspezialisierte körperliche Eigenschaften.

Hundsein unter die Lupe genommen

Als **Rudeltier** ist der Hund „gruppengebunden". Er hat die Tendenz, seine Gruppe nicht zu verlassen – gleichwohl wie gut oder auch schlecht er es bei „seinen" Menschen angetroffen hat. Tatsächlich ist es so, dass Hunde nicht von sich aus weglaufen. Wenn sie auf das Rückrufsignal nicht reagieren, liegen in aller Regel andere Gründe als ein mutwilliges „Entkommen-Wollen" vor.

> Die Haupteigenschaften sind pauschalisierte Eigenschaften, die ganz allgemein für die Art „Hund" gelten. Zuchtbedingt kommen bei einigen Rassen und Individuen bestimmte Merkmale stärker oder weniger stark zum Vorschein.

Schnellanalyse etwaiger Weglauf-Situationen

Ein Hund, der sich vor etwas fürchtet, kann wegrennen. Sein bewusstes Denken ist in diesem Moment durch die in der Angstreaktion ausgeschütteten Stresshormone blockiert. Sein Plan ist nicht, dem Menschen wegzulaufen, sondern einer Gefahr zu entkommen. Er nimmt in diesem Zustand ein möglicherweise eingesetztes Rückrufsignal gar nicht mehr wahr (vgl. S. 165). **Info-Link: www.rueckruf-fibel.de**

Mit dem Streunen verhält es sich ähnlich. Hier verlässt der Hund zwar eigenständig sein Zuhause, jedoch nicht um dauerhaft fortzubleiben. Die konkreten Gründe können unterschiedlich sein. Häufig steht der Besuch bei einem Geschlechtspartner oder ein Jagdausflug auf dem Plan. Auch einfache Ausflüge zum Schnüffeln - mit oder ohne Ansteuerung bestimmter Snackbars - sind mögliche Motivationen. Gleichwohl gilt in diesen beiden Fällen: Der Hund kommt von alleine wieder zurück, wenn er nicht auf dem Weg verunfallt oder eingefangen wird.

> **MERKE** Ziel des Rückruftrainings ist es, das Zurückkommen (auch unter bestimmten Ablenkungen) steuern zu können.

Ausgangssituation

Hunde sind obligat soziale Tiere. Das bedeutet, sie benötigen für ihr Wohlbefinden die Gesellschaft von Sozialpartnern. Auch ein freiwilliges Überlaufen in eine andere Gruppe, wie man es bei Katzen häufiger beobachten kann, ist für den Hund zwar nicht ganz ausgeschlossen, aber doch eher untypisch. Die Gruppenbindung ist eine recht stabile (wenn auch veränderbare) Größe (vgl. S. 65).

Aus dem Rudeltier-Naturell lassen sich aber auch noch andere Grundeigenschaften ableiten: Hunde sind nicht nur nicht gerne alleine, sondern sie sind besonders gerne mit anderen zusammen (unterwegs). Wichtige Aspekte des allgemeinen Wohlbefindens im Umgang mit Sozialpartnern sind das Gefühl von Sicherheit (vgl. Trainingsgrundregel Nr. 1) sowie das Gefühl des „Verstanden-Werdens". Vor allem letzteres erleben Hunde in der Gesellschaft von Artgenossen unter Umständen eher als im Geleit von Menschen. Hieraus ergibt sich ein hohes Maß an Verleitung bei Begegnungen mit Artgenossen.

> Hunde, die mit Artgenossen gut sozialisiert sind, sind besonders gerne mit anderen Hunden zusammen. Im Kontakt mit Hundefreunden fühlen sich diese Tiere im wahrsten Sinne des Wortes pudelwohl. In der arteigenen Kommunikation kommt es sehr selten zu gravierenden Missverständnissen. In Bezug auf „Hobbys" oder die grundsätzliche Einschätzung, was Spaß macht und was nicht, ist schnell Einigkeit gefunden.

Betrachten wir nun die nächste herausstechende Eigenschaft eines Hundes: Er ist ein **Raubtier**. Genauer gesagt ein **Jäger**. Durch die Zucht sind Hunde mit ganz unterschiedlichen Jagdtechniken und auch mit einer unterschiedlich hohen Jagdambition hervorgegangen. Allen gemein ist jedoch immer noch ein (unterschiedlich stark ausgeprägtes) besonderes Interesse an Bewegung. Für das Rückruftraining ist dies einerseits eine Stolperfalle, denn Hunde lassen sich von bewegten Objekten oder Lebewesen vergleichsweise leicht ablenken. Andererseits kann man sich diese Eigenschaft auch zum Vorteil machen (vgl. S. 116 und S. 167). Neben den Bewegungen stellen auch Gerüche eine Ablenkungsquelle dar. Der Problempunkt ist hierbei, dass diese Ablenkungsquelle mangels (nicht) gleichwertiger Wahrnehmung nicht im Bewusstsein des Menschen liegt.

MERKE   Die verleitende Wirkung von Gerüchen wird oftmals übersehen.

Für ein erfolgreich umgesetztes Rückruftraining, letztendlich aber auch für das Zusammenleben mit dem Hund im Allgemeinen, ist es wichtig, dass der Mensch seinen Hund lesen kann. An dieser Stelle sind für uns die Ausdruckselemente und Handlungsweisen, die zum Jagen zählen von besonderem Interesse, denn nur wer überhaupt bemerkt, was der Hund plant oder schon im Schilde führt, kann entsprechend darauf reagieren.
Info-Link: www.rueckruf-fibel.de

Ausgangssituation

Die meisten Hunde werden von ihrem Halter so weit mit Nahrung versorgt, dass sie nicht jagen müssen, um zu überleben. Dennoch sind sie häufig mit Begeisterung dabei, wenn sich eine Gelegenheit zum Jagen bietet (vgl. S. 165). Im Einzelfall kann dies auch heutzutage durchaus im Sinne des Menschen sein, für den Fall, dass er seinen Hund jagdlich führt und entsprechend ausgebildet hat. Als problematisch hingegen empfinden viele Hundehalter die Jagdambition ihrer Tiere, wenn diese für sie „unvermittelt" (ohne explizite Anleitung durch den Menschen) auftritt. Übersehen wird hierbei, dass das Jagen Hunden im Blut liegt. Es macht ihnen Spaß. Sie gehen in dieser Tätigkeit auf und können ihre Spezialisierungen und Talente unter Beweis stellen. Die Wahrscheinlichkeit, dass Hunde die Freude am Jagen früher oder später für sich selbst entdecken ist sehr groß, wenn ihnen nicht frühzeitig interessante Alternativen aufzeigt werden oder sie gar Jagdanleitung durch Artgenossen erfahren.

> Hunde, die einer Rassen zugehören, die ursprünglich für eine besondere Jagdaufgabe gezüchtet wurde, weisen eine deutlich höhere Jagdambition auf als andere. Dies gilt natürlich auch für Mischlinge, denn diese tragen die Eigenschaften ihrer Vorfahren in sich.

Hunde sind aufgrund ihrer körperlichen Ausstattung **Spezialisten**. Einen besonderen Trumpf haben sie in puncto Geruchssinn in der Hand. Gleichzeitig verfügen sie aber auch über ein hervorragendes Gehör und, wie bereits erwähnt, über ein hohes Talent für die Wahrnehmung von Bewegungen (auch in der Dämmerung). Vor allem der gerichteten Aufmerksamkeit Bewegungen gegenüber wohnt auch eine hohe Motivationskraft inne. **Info-Link: www.rueckruf-fibel.de**

> **MERKE** Das Talent für das Bewegungssehen und der gute Hörsinn können in produktiver Art beim Aufbau eines guten Rückrufs genutzt werden.

Neben den angesprochenen Sinnesleistungen punktet ein gesunder Hund aber auch durch seine Bewegungsfreude und Geschwindigkeit. Je nach Rassetyp und Gelände kann er es zu Spitzenleistungen von weit über 50 km/h bringen. Ob dies im Einzelfall als Vor- oder Nachteil gewertet wird, hängt nicht zuletzt von der Richtung bzw. seinem Ziel ab. Wie man das besondere Faible vieler Hunde für das Rennen zu einem bewegten Objekt zum Kernpunkt einer Rückrufübung und somit zu einer Vorzugseigenschaft im Training und Alltag macht, werden wir später noch im Detail ansehen (S. 114 und S. 125ff).

Der IST-Zustand der Partei „Mensch"

Richten wir den Blick nun auf uns selbst. Was wollen wir mit unserem Hund genau erreichen?

Ausgangssituation

In Bezug auf den Rückruf (und gegebenenfalls auf den Gehorsam im Allgemeinen), wünschen wir uns gemeinhin Perfektion.

Konkret sieht unser Idealbild so aus, dass der Hund stets
- umgehend
- zuverlässig
- zügig
- und möglichst freudig

auf das Rückrufsignal reagiert.

> **MERKE** Der Anspruch ist hoch, aber bei geschickter Trainingsplanung nicht unrealistisch.

Unser Anteil am Erfolg

Gerne wird bei der Leistungsanalyse vergessen, dass es sich um eine Gleichung handelt, die aus dem Hund und dem Menschen besteht. Das Gelingen hängt demnach zu (mindestens) 50% von uns selbst bzw. genau genommen von unserer Trainingsgestaltung inkl. aller Managementanteile und Übungen ab. Diesen Input gilt es mit einzurechnen.

Bilanzierung

Was haben wir zu bieten, um dem Ziel eines perfekten Rückrufs möglichst nahezukommen? Die Eigenschaft, die wir schwerpunktmäßig in die Planung und Umsetzung des Rückrufsignals einbringen können, ist der Weitblick. Uns obliegt somit die Weichenstellung. Das bedeutet: Wir nutzen unser Wissen für eine optimale Gestaltung der Übungs- und Alltagssituationen.

> Die Investition an Zeit und Mühe im Gehorsamstraining lohnt sich in doppelter Hinsicht: Zum einen erntet man selbst Frieden im Zusammenleben mit dem Hund und zum anderen kann man dem Hund ein wertvolles Geschenk machen, nämlich die Freiheit des (unbeschwerten) Freilaufs.

> MERKE   Es ist schlichtweg unrealistisch, zu denken, ein perfekter Rückruf gelänge ganz von selbst („bereits gestern") oder aus der liebevollen Bindung des Hundes an seinen Herrn und ganz ohne jedwede Kosten und Mühen...

Interessanterweise gelangt man umso schneller an das Ziel, je besser und allumfassender man bei der Trainingsplanung das „Hundsein" berücksichtigt. Es gilt, die Dinge mit dem „Hundeblick" (hier: aus der Sicht des Hundes) zu betrachten und auch dessen persönlichen Bedürfnisse zu berücksichtigen, ohne dabei das eigene Ziel (einen guten Rückruf) aus den Augen zu verlieren.

Ausgangssituation

Allgemeingültige Lebensziele

In sozialer Hinsicht ähneln sich Hunde und Menschen. Allgemeingültige Lebensziele für beide Parteien sind: das Gefühl von Sicherheit, körperliche Unversehrtheit, Akzeptanz in der sozialen Gruppe sowie das Streben nach der Möglichkeit, Dinge auszuleben, die Freude und Spaß bereiten. Die Anerkennung dieser Bedürfnisse (für sich selbst und den Hund) sowie die Bereitstellung der Möglichkeiten, diese Ziele zu erreichen, sind wichtige Voraussetzungen für ein erfolgreiches Rückruftraining.

Training, das auf wissenschaftlichen Erkenntnissen (Lerntheorie, Neurologie) fußt, beschert Hund und Mensch gleichermaßen persönliche Erfolge. Durch eine allgemein gute und vor allem lerntheoretisch korrekte Trainingsplanung kann im Wirrwarr aller Möglichkeiten der kürzeste Weg gegangen werden. Dieser ist mit Belohnungen gespickt. Worauf warten Sie also? Ihr Hund ist bereits startklar!

Kapitel 2
Fehleranalyse

Fehleranalyse

Bevor es an die aktive Trainingsumsetzung geht, ist es sinnvoll, sich noch einmal kurz das Zwei-Säulen-Modell moderner Hundeausbildung ins Gedächtnis zu rufen. **Info-Link: www.rueckruf-fibel.de**

Der Trainingsaspekt dieses Modells ist schnell zusammengefasst: **Erwünschte Verhaltensweisen werden gestärkt bzw. in einem kleinschrittigen Trainingsplan und über Erfolgserlebnisse vermittelt aufgebaut, während gleichzeitig das Üben/Ausleben unerwünschter Verhaltensweisen im Idealfall über Managementmaßnahmen verhindert oder anderweitig im Vorfeld blockiert wird.**

Dem unauffällig eingefügten Wörtchen „gleichzeitig" kommt in dieser Aussage eine Schlüsselrolle zu. Das wird häufig übersehen. Oft wird mit dem Hund nämlich tatsächlich trainiert, jedoch hat er „gleichzeitig" auch Gelegenheit, Handlungen auszuführen (und somit zu üben), die das genaue Gegenteil des Lerninhaltes widerspiegeln.

Im Folgenden werden die einzelnen Fehlerquellen angesprochen und kurz analysiert. Wenn Sie in der Position sind, bald einen Welpen zu übernehmen, mit dem Sie von Anfang an einen perfekten Rückruf aufbauen möchten, können Sie dieses Kapitel überspringen. Zusätzlich zu der eigentlichen Trainingsrichtschnur (Übungskatalog ab S. 127), sollte es reichen, wenn Sie sich die Zusammenfassung der Fettnäpfe und Tabus

(S. 56ff) zu Gemüte führen und verinnerlichen. Allen anderen Hundehaltern empfehle ich, dieses Kapitel aufmerksam zu lesen und am Kapitelende (Seite 60ff) eine ehrliche und ganz persönliche Fehleranalyse vorzunehmen. Bedenken Sie: Wer sich das Ziel gesteckt hat, den Rückruf zu verbessern, da dieser offenkundige Mängel aufweist, fährt nicht gut damit, die alten Fehler zu wiederholen.

Der Rückruf ist leider häufig ein Trainingsbereich, dem jede zielgerichtete Struktur fehlt. Das Lernen dieses wichtigen Kommandos ist weitgehend Glück und Zufall überlassen.

MERKE   Der Lernerfolg ist vom Input abhängig. Wenn Sie zukünftig die Inhaltsstoffe ihres Trainingsmixes ändern, erhalten Sie auch ein anderes Elixier.

Mangel an strukturiertem Training

Trainingsfehler in diesem Bereich sind extrem häufig. Gerade im Alltag ist die Gefahr groß, auf den Fehlerteufel der Unachtsamkeit hereinzufallen, wenn man sich nicht klarmacht, dass das Lernen für den Hund immer und nicht nur in den angesetzten Trainingssituationen stattfindet. Folgende Fehler sind in dieser Kategorie besonders häufig zu beklagen:

Fehlerquelle Nr. 1: Tiefe Brunnen

Geübt wird, nachdem „der Hund" bereits in den Brunnen gefallen ist.

Zunächst wird nicht (zielgerichtet) trainiert. Das Herankommen wird im Einzelfall einmal belohnt, ein anders Mal „übersehen" und/oder zusätzlich noch eine beliebige Anzahl der hier im Folgenden aufgeführten (oder anderer) Fehler begangen. Die Quittung ist ein Hund, der keinen (zuverlässigen) Rückruf beherrscht. Die eigentliche Krux ist aber nicht (nur), dass der Hund (noch) keinen Rückruf gelernt hat. Schwerwiegender ist, dass er bislang gelernt hat, dass das Nicht-Kommen auch geht oder sogar, dass das Nicht-Kommen mit Spaß (an anderen Handlungen) verbunden ist. Diese Lernerfahrungen stehen einem schnellen Trainingserfolg bis zu einem gewissen Maße auch bei der zukünftigen Umsetzung eines gut strukturierten Trainingsplans entgegen (vgl. S. 164)!

Fehlerquelle Nr. 2: Falsche Überzeugungen

Die falsche Überzeugung, der Hund (Welpe) beherrsche den Rückruf bereits.

Dieser Irrglaube kann fast schon als „Klassiker" gelten. Aber was hat es damit auf sich?

Welpen (und auch manche – charakterlich meist eher unsichere – junge Junghunde) sind sehr stark gruppengebunden. Sie folgen Ihrem Besitzer bereitwillig und freudig. Die Nähe zum Besitzer gibt ihnen Sicherheit. Vielleicht ist es auch wie bei kleinen Kindern, die in den Eltern (noch) Helden sehen?! Der Rückruf klappt oftmals auch in Ablenkungssituationen prompt und mit einer hohen Zuverlässigkeit. So weit so gut. Ich hoffe, Sie erkennen, dass all dies ideale Bedingungen für die Stärkung von erwünschtem Verhalten sind?! Wenn der Fehlerteufel zuschlägt, wird genau dies übersehen.

Der Tierhalter, der dem Irrglauben verfallen ist, sein erst wenige Wochen oder Monate alter Hund beherrsche den Rückruf bereits (praktisch wie von selbst, also ganz ohne Übungen), ruht sich auf dem (zunächst) guten Gelingen des Rückrufs aus. Er hält den Zustand für stabil und eine positive Verstärkung oder einen weiteren Ausbau für nicht erforderlich. Bis dato hat er mit seinem Hund kein zielgerichtetes Rückruftraining umgesetzt und hat dies auch zukünftig nicht vor, denn sein Hund kommt ja bereits zuverlässig ... Auf Seiten des Hundes haben wir stehen: Er hat nie eine genaue Bedeutung des Rückrufsignals gelernt. Das Zurückkommen stellt sich für den Hund nicht zuverlässig (im schlimmsten Fall gar nicht) als Erfolg dar, denn ihm wird keine gebührende Beachtung geschenkt.

Das Dilemma beginnt, wenn der Hund feststellt, dass andere Dinge interessanter sind als der Tierhalter, der gleichzeitig mit dem Erlangen dieser Erkenntnis auf Hundeseite auch seinen Heldenstatus eingebüßt hat.

Fehleranalyse

> **Fehlerquelle Nr. 3: Freiheiten gönnen**
>
> Der Hund bekomm Freiheiten, die das „Bravsein" und ein schnelles Lernen eines prompten Rückrufs erschweren.

Dieser Fehler wird besonders häufig bei „secondhand-Hunden" begangen, die in der vorherigen Haltungsform kein Rückruftraining durchlaufen haben. Die Beweggründe können im Detail unterschiedlich sein, jedoch spielt fast immer das Bedürfnis des neuen Tierhalters, dem Hund nun ein gutes und vor allem besseres Leben als zuvor bieten zu wollen, eine Rolle. An der dem Tier gebotenen „Freiheit" wird die Qualität der (neuen) Haltungsform bemessen. Der Begriff Freiheit bezieht sich übrigens nicht nur auf den Freilauf selbst. Auch der Einsatz von Roll- oder Schleppleinen sowie das Freilassen in umzäunten Arealen zählen an dieser Stelle dazu. Den betroffenen Hunden wird hierbei konkret, in wiederholter Art, die Freiheit eingeräumt, in größerer Distanz zum Besitzer persönliches Wohlbefinden zu erleben. Wie wir noch sehen werden (siehe S. 65), ist das gute Gelingen des Rückrufs in weitem Maße von dem Gefühl der Sicherheit und des Wohlbefindens in der direkten Nähe des Besitzers abhängig. Gibt man einem Hund, der diese Gefühle noch nicht erlebt oder verinnerlicht hat, die Wahl, sich in einer (beliebigen) Distanz zum Menschen aufzuhalten – noch dazu häufig in Situationen, in denen er einem Hobby z.B. dem Jagen (siehe auch Problemanalyse, S. 165) nachgehen kann - ist die Vermittlung genau dieser Werte und

Gefühle besonders schwierig. Wohlbefinden in der Nähe des Menschen kann nicht in der Distanz vermittelt werden.

Fehlerquelle Nr. 4: Nie ohne Leine

Der Hund wird im Welpenalter nie abgeleint.

Ebenfalls gar nicht so selten ist der zur Fehlerquelle 3 genau umgekehrte Fall. Hier bestehen auf Hundehalterseite Sorgen, ihren Hund (speziell einen Welpen) abzuleinen. Sie befürchten, er könnte nicht zurückkommen. Wie wir bereits in der Fehleranalyse (Seite 28) gesehen haben, ist diese Sorge umso unbegründeter, je jünger der Welpe ist. Wertvolle Trainingschancen verstreichen somit ungenutzt. Leider ist es sogar so, dass durch ein erst spät begonnenes Rückruftraining nicht nur Zeit verlorengeht, sondern die betroffenen Hunde obendrein noch weitere Schadinformationen lernen. Die Spaziergänge an der Leine werden nämlich in aller Regel nicht zum Üben anderer wichtiger Grundübungen genutzt, wie etwa zur Stärkung der Konzentration oder Bindung. Dem Welpen wird vielmehr das Bild geboten, dass der Mensch, der das Leinenende hält, eher zufällig mit ihm unterwegs ist. Nach und nach passiert es dann, dass sich der Welpe draußen immer mehr für seine abwechslungsreiche Umwelt mit all ihren interessanten und gegebenenfalls auch verleitungsintensiven Reizen als für „seinen" Menschen interessiert. Das Rückruftraining bei einem Welpen auf einen späteren Zeitpunkt zu verschieben, „weil er ja noch so klein ist", führt somit zu einer sich stetig verschlechternden Ausgangssituation.

Der Teufel steckt im Detail ...
Das Signal und seine Tücken

Hunde kommen eigentlich immer zurück – nur nicht unbedingt dann, wenn sie gerufen werden. Im unterschiedlichen „Sprachverständnis" von Menschen und Hunden liegt ein hohes Fehlerpotential begründet. Trainingsfehler in diesem Bereich sind daher extrem häufig.

Gerade im Alltag ist die Gefahr groß, auf den Fehlerteufel der Unachtsamkeit hereinzufallen, wenn man sich nicht klarmacht, dass das Lernen für den Hund immer und nicht nur in den angesetzten Trainingssituationen stattfindet. Folgende Fehler sind in dieser Kategorie besonders häufig zu beklagen:

Fehlerquelle Nr. 5: Das unbekannte Signal
Der Hund Der Hund kennt das Signal gar nicht.

Große Enttäuschungen, wenn der Hund auf das Rückrufsignal nicht reagiert, sind keine Seltenheit. Erstaunlicherweise ist dies auch der Fall, wenn der Hund mit einem Signal konfrontiert wird, dessen Bedeutung ihm völlig unbekannt ist, wie etwa beim Einsatz einer gerade erst im

Laden erstandenen Hundepfeife oder anderer Signale, ohne dass vorab irgendeine Form von (Signal-)Training stattgefunden hat. Der Vorwurf funktionellen Versagens des Hundes oder der Pfeife steht erstaunlich schnell im Raum. Bei genauer Betrachtung der Sachlage und der analytischen Anwendung lerntheoretischen Wissens und des gesunden Verstands, können beide jedoch in einer Vielzahl der Fälle von jeder Schuld freigesprochen werden. Die Krux liegt eher in einem unreflektierten Handeln oder überzogener Erwartungshaltungen des Menschen begründet.

> Die Wahl des Rückrufsignals sollte wohl überlegt sein.

Fehlerquelle Nr. 6: Definitionsmangel
Das Signal ist nicht genau definiert.

Wenn man einen Tierhalter fragt, was sein Hund tun soll, wenn er gerufen wird, ist die Antwort in aller Regel: „Er soll kommen!" Diese Antwort ist jedoch weit von einer genauen Trainingszieldefinition (S. 104; 109f) entfernt. Die Unklarheit der Definition erklärt auch die Varianz in der Aktion bzw. Interaktion mit dem Hund. Mal soll dieser nämlich wirklich bis ganz nah zum Menschen herkommen, z.B. um angeleint zu werden, vielleicht soll er obendrein sogar noch eine spezielle Position einnehmen,

Fehleranalyse

ein anderes Mal reicht dem Besitzer ein kleiner Schlenker in seine Richtung, z.B. um vor jemandem auszuweichen, danach darf er schon (häufig ebenfalls ohne weitere Regeln oder Signale) wieder seines Weges gehen, mal kommt es dem Besitzer auf die Geschwindigkeit an, ein anders Mal auf die „Rettung" einer ablenkungsreichen Situation etc.

Undefiniert und untrainiert bleibt in aller Regel auch die Situation selbst. Das heißt, dass ein wirkliches Rückruftraining oftmals nur in der Hundeschule stattfindet oder nach dem Aufbau der Grundübungen schlicht vergessen wird, die Leistung auch noch im Hinblick auf mögliche Ablenkungen zu generalisieren. **Info-Link: www.rueckruf-fibel.de**

Für den Hund bedeutet all dies ein regelrechtes Chaos, an das zudem viele recht abstrakte Gedanken des Menschen gebunden sind, die der Hund nicht erahnen kann.

> Ein besonderes Detail des Rückrufs bezieht sich auf die Endhandlung bzw. die Endposition (siehe Kapitel 4). Für den Hund ist dies sehr wichtig zu wissen. Das „Kommen" ist dann nur noch Mittel zum Zweck, um eine ganz konkrete Handlung (in der Nähe des Menschen) auszuführen.
>
> Viele Missverständnisse und vor allem das Nähe-Weite-Missverständnis (Fehlerquelle 9) können bei genauer Definition der Endposition wirksam vermieden werden.

Fehlerquelle Nr. 7: Uneinheitlichkeit

Das Signal wird uneinheitlich verwendet.

Uneinheitlichkeit in Bezug auf das Rückrufsignal ist ein Fehler, der extrem häufig begangen wird. Der Hund wird in diesem Fall mit verschiedenen Kommandos gerufen oder auf unterschiedliche Art herangepfiffen. Dieser Fehler tritt in Haushalten mit mehreren Personen besonders oft auf. Aber auch für eine Einzelperson kann dieses Dilemma zum Fallstrick werden. Grundsätzlich ist es so, dass ein Hund durchaus mehrere Rückrufsignale lernen kann. Es gilt jedoch zu bedenken, dass beim Einsatz mehrerer Signale jedes Einzelne wesentlich weniger häufig „geübt" wird. Der Trainingserfolg verzögert sich hierdurch - selbst bei ansonsten optimaler Trainingsumsetzung.

> Unterschiedliche Handlungen sollten auch im Rückruf mit unterschiedlichen Signalen belegt werden. Ansonsten gilt es auch in einer Familie, sich auf ein Signal zu einigen (siehe Seiten 104; 108; 110).

Ein weiterer möglicher Uneinheitlichkeits-Feler ist an den Sprachgebrauch geknüpft. Besonders das Wort KOMM birgt ein hohes Risiko des unsauberen Einsatzes in sich.

Manchmal wird es sogar eingesetzt, ohne dass es überhaupt eine Signalbedeutung hat (vgl. Beispiel einer Signaldefinition, S. 107). Viele Menschen informieren ihre Hunde im Alltag mittels Spracheklärungen über die aktuellen Geschehnisse. Hierbei fallen unbedacht auch schnell Worte, die eigentlich Signalfunktion haben (sollen). In Sätzen wie „Komm, beeil dich!" und anderen wird das Kommandowort nur als pauschale Aufforderung verwendet. Ein Kommen wird nicht einmal erwartet, da das Wort nur als Füllwort dient. Fehler können aber auch entstehen, wenn das Signalwort benutzt wird, aber gar nicht der Hund, sondern ein anderer Mensch gemeint ist: „KOMMst du heute Abend mit?", „HIER, guck mal, was ich gekauft habe." und, und, und.

Fehlerquelle Nr. 8: Training und Alltag
Das Trainingssignal entspricht nicht dem Alltagssignal.

Auch in diese Falle tappen sehr, sehr viele Hundehalter: Sie üben den Rückruf und zunächst sieht es auch gut aus. In Standardsituationen, speziell beim Üben, kommt der Hund stets freudig angelaufen. Manch einer wird in der Hundeschule sogar zum Rückrufkönig ausgerufen.

Im Alltag gibt es aber häufig Pannen. Bei genauer Betrachtung ist es so, dass ein „Intonationsfehler" vorliegt: Das Trainingssignal ist von der Tonlage, -länge, Silbenbetonung oder Lautstärke nicht deckungsgleich mit dem Signal, das im Alltag verwendet wird. Bei starker, emotionaler Aufruhr des Rufenden ist die Signalveränderung besonders deutlich. Ein wütend gebrülltes HIER! klingt nicht nur in einem Hundeohr ganz anders als das freundlich ausgesprochene, ja fast schon gezwitscherte, HIER! der Trainingssituation. Gleiches gilt z.B. auch für einen hysterischen Zuruf, wenn sich aus Sorge vor einem drohenden Unfall die Stimme überschlägt.

> Sprachsignale können sich leicht verändern. Ein Wortsignal ist allein aufgrund der unterschiedlichen Stimmlage verschiedener Personen nie hunde(rt)prozentig exakt, speziell, wenn mehrere Personen mit dem Hund mittels Kommandos interagieren. Aber auch Banalitäten - wie etwa eine Erkältung und nicht zuletzt die momentane Stimmungslage des Rufenden - können ein Signal verändern.

Fehlerquelle Nr. 9: Nähe und Weite

Das unterschiedliche Empfiden für Nähe und Weite führt leicht zu Missverständnissen.

Es ist nicht selten, dass Hunde, die grundsätzlich sogar eher durch einen guten Rückruf glänzen, in scheinbar besonders einfachen Situationen gänzlich versagen. Wenn für den Hund im Rahmen des Rückruftrainings keine besondere Endposition (Fehlerquelle 6) definiert wurde, kann es sein, dass seine Version der Signal(be)deutung nur Aspekte wie die Geschwindigkeit oder das Rennen als solches beinhaltet und sich fast vollständig von der vom Menschen angestrebten (ggf. auch abstrakten) Bedeutung unterscheidet. Speziell, wenn sich der Hund bereits in relativer Nähe zum rufenden Menschen aufhält, fühlt er sich häufig „schon da". Er versteht nicht, dass mitunter mit dem Signal eine noch weitere Annäherung gemeint ist. Ihm fehlen im gelernten Bild seiner Rückrufversion wesentliche Aspekte, die ein braves Handeln unter Umständen unmöglich machen.

Fehlerquelle Nr. 10: Peilsender

Auf den Hund wirkt das Signal nicht wie ein Kommando sondern wie ein Hintergrundgeräusch oder Peilsender.

Wird das Signal sehr häufig in „nutzloser Art" (S. 117) verwendet oder ist es generell nicht als Kommando zu identifizieren (siehe Fehlerquellen 6 und 8), wird es sehr leicht zum Hintergrundgeräusch. Gleiches gilt, bei dauernder Beschallung mit dem Rückrufwort. In diesem Fall hat das Signal für den Hund schon bald gar keine besondere Bedeutung mehr – außer vielleicht der eines Peilsenders, mit dessen Hilfe er immer punktgenau über den aktuellen Standort seines Menschen informiert ist ...

> **TIPP** Seltener ist wirksamer ... Für den Erfolg beim Rückruf ist es wichtig, das Signal punktgenau, d.h. einmal und zwar im aussichtsreichsten Moment, einzusetzen.

Fehlerquelle Nr. 11: Handlung ohne Bezug
Es gibt keinen genauen Bezug zwischen Signal und Handlung.

Im Alltagsgetümmel werden Signale oftmals regelrecht an die Hunde verschwendet, ohne dass dem Besitzer die ordnungsgemäße Ausführung der Handlung überhaupt wichtig wäre. Sie verpuffen wie Schall und Rauch. Bei einem Trainingsanfänger ist es zudem ungünstig, den noch nicht vollständig ausgeführten Rückruf durch ein Freizeitkommando abzubrechen, denn es wird in diesem Fall kein positiver Bezug zu der Nähe des Besitzers hergestellt. Aus dem lerntheoretischen Blickwinkel heraus betrachtet ist es jedoch „schlimmer", dass der Hund, der vielleicht alles richtig machen wollte, keinen (oder zumindest keinen deutlichen) persönlichen Erfolg mit seinem potentiellen Bravsein verbindet. Für ihn hat sich der Wille zum Bravsein nicht rentiert. Einerseits wird die korrekte Ausführung des Signals bei dieser Anwendungsform gar nicht ernsthaft erwartet und obendrein wird es durch eine schlechte (gleichgültige oder gestresste) Ausstrahlung des Menschen unterstrichen. Hierdurch verliert der Mensch in den Augen seines Hundes auf mehreren Ebenen. Wie soll er in ihm bei solch einer Vorgehensweise auch seinen Sicherheitspol, seine persönliche Quelle der Freude oder souveränen Gruppenleiter sehen?!

Strafen und ihre Folgen

Durch unangenehme Verknüpfungen ist das Ziel einer schnellen, zuverlässigen und freudigen Ausführung des Rückruf-Kommandos nicht zu erreichen.

Fehlerquelle Nr. 12: Strafen und Schelte
Es werden direkte körperliche Strafen und Schelte eingesetzt.

Direkte körperliche Strafen oder verbale Schelte werden im Zusamenhang mit dem Rückruf vom Menschen meist bewusst und aus einer wütenden Grundhaltung eingesetzt. Der häufigste Grund ist: Man hat sich geärgert, dass der Hund zuvor nicht auf das Rückrufsignal reagiert hat. Vielleicht hat er sich auch noch weiterer Vergehen schuldig gemacht, wie etwa zu jagen, etwas zu fressen, mit einem Artgenossen zu spielen, einen Menschen anzuspringen oder, oder, oder (vgl. S. 164). Vermutlich kann praktisch jeder von uns den Ärger in solchen Momenten nachvollziehen. Der Einsatz einer Strafe ist hier dennoch fehl am Platz. Und zwar gleich aus mehreren Gründen. Der offensichtlichste liegt im Timing (vgl.

S. 109ff), bzw. der zwangsläufig fehlerhaften Verknüpfung der Geschehnisse, denn der Hund wird unabhängig davon, wie viele „Stunden" zu spät er irgendwann antritt, am Schluss bei Ausführung der erwünschten Handlung, nämlich dem Herankommen, bestraft. Er weiß nicht, dass die Strafe auf das nicht ordnungsgemäß ausgeführte Kommando hin erfolgt (sofern er es denn überhaupt kennt – vgl. Fehlerquelle 5).

Wenn bei der Zieldefinition (siehe Seite 104) des Rückrufs auch aufgeführt wurde, dass der Hund „freudig" kommen soll, ist auch der nächste Stolperstein des Strafeinsatzes aufgedeckt, denn kein Hund holt sich in „freudiger Art" eine Strafe ab. Hunde erkennen an der Körperhaltung des Menschen oftmals schon aus einer gewissen Distanz, dass eine schlechte Stimmung herrscht. Aus Angst vor der Strafe oder auch nur um besonders höflich daherzukommen werden sie in ihrer Annäherung langsamer. Manchmal kommen sie sogar regelrecht angekrochen. Dies kann im Einzelfall noch mehr Ärger auf Tierhalterseite heraufbeschwören. Der Hund steckt in einem Teufelskreis ...
Info-Link: www.rueckruf-fibel.de

Fehlerquelle Nr. 13: Indirekte Strafen
Es werden indirekte, „distanzwirksame" Strafen eingesetzt.

Bei Einsatz bestimmter Hilfsmittel kann auf den Hund, auch in einer Distanz, mittels Schmerz oder Schreck eingewirkt werden. Der Gedanke einer solchen indirekten Strafe ist zum einen, selbst eine (scheinbar) weiße Weste zu behalten. Der Hund weiß nicht (oder soll nicht wissen), dass es der Besitzer war, der die Strafe eingesetzt oder ausgelöst hat. Zum anderen geht es um die Lösung des Timingproblems. Letzteres könnte auf diesem Weg zwar tatsächlich umschifft werden, jedoch ist das Vorgehen aus den folgenden Gründen dennoch als wenig sinnvoll zu erachten: Schmerzen oder Schrecken machen einen Hund, im sozialen Sinn gesprochen, nicht „sicherer". Vor allem sensible oder generell unsichere Hunde werden durch dieses Vorgehen noch (Umwelt-)unsicherer.

Je weniger klar für den Hund der Bezug zwischen seiner Handlung und der Strafe ist, umso stärker tritt die (neu kreierte) Unsicherheit zu Tage. Wenn der Hund nicht sicher verknüpfen kann, weshalb er Schmerzen oder Schrecken erfährt, ist die Gefahr sehr groß, dass er die Strafreize mit Dingen verknüpft, die er gerade wahrnimmt. Es entstehen Fehlverknüpfungen – zum Beispiel mit dem Ort oder einem unbeteiligten Lebewesen etc.. Je „bewusster" die gerade ausgeführte Handlung oder Umweltwahrnehmung gerade ist, desto größer ist die Wahrscheinlichkeit einer derartigen (Fehl-)Verknüpfung. Dass der Hund ganz bewusst nur das Nicht-Kommen im Sinn hat, ist, für die Masse aller Hunde gesprochen, als Handlungsursache als extrem unwahrscheinlich anzusehen. Ebenso unwahrscheinlich ist somit in all diesen Situationen auch eine saubere (sinnvolle) Strafverknüpfung.

Das nächste Problem beim Einsatz von Strafen, die in der Distanz eingesetzt werden, liegt darin begründet, dass es keine Kontrolle darüber gibt, welche Handlung der Hund nach dem Schreck oder Schmerzreiz wählt. Auch ein kopfloses Wegrennen (vgl. S. 165 - Fliehen von dem Ort, an dem er den Strafreiz erlebt hat oder Flucht vor einem Objekt oder Person, die fälschlicherweise mit dem Strafreiz in Bezug gesetzt wurde) sind hundetypische Optionen, die meist noch mehr Ärger schüren und gegebenenfalls weitere Strafen nach sich ziehen.

Die erwünschte Annäherung an den Tierhalter ist in zwei Fällen beim Einsatz von distanzwirksamen Strafen sogar als besonders unwahrscheinlich anzusehen: nämlich, wenn dieser für ihn keinen Sicherheitspol darstellt (Fehlerquellen 11 und 19) oder sich das Annähern an den Tierhalter nicht lohnt (Fehlerquellen 16, 17).

Die (Folge-)Probleme einer Strafeinwirkung in der Distanz sind oftmals schwerer zu lösen, als das Rückrufproblem.

MERKE   Um nach einer Strafe überhaupt eine Chance zu haben, die richtige, also die vom Menschen erwünschte und per Kommando angesagte, Handlung auszuführen, muss der Hund zunächst gelernt haben, was die Bedeutung des jeweiligen Signals ist und was die Details der „richtigen" Handlung sind. Genau dies ist oftmals aber nicht gegeben und sogar die Ursache für den (vermeintlichen) Ungehorsam.

Fehleranalyse ───────────────

Fehlerquelle Nr. 14: Unabsichtliche Strafen

Es werden unbewusst Handlungen ausgeführt, die der Hund als Strafe empfindet. Das Tier wird so unabsichtlich bestraft.

Zum versehentlichen Einsatz von Strafen kann es leicht kommen, wenn der Besitzer sich nicht bewusst macht, was sein Hund als angenehm oder unangenehm empfindet. In der Rückrufsituation ist tragischerweise in aller Regel ausgerechnet der Augenblick der Belohnung der wunde Punkt. Gerne drücken Hundebesitzer ihre Freude auf eine wenig hundegerechte und zudem körperliche Art aus. In ihrer großen Begeisterung über ihren so braven Hund streicheln sie ihn, drücken ihn, klopfen ihm anerkennend auf den Kopf oder auf die Seite, sie nehmen ihn hoch oder küssen ihn gar. Leider kann der Hund mit all diesen Handlungen gar nichts anfangen. Für ihn haben sie in seiner persönlichen Belohnungsskala (siehe S. 76) keinen hohen Punktestand, häufig sind sie dort vermutlich nicht einmal gelistet. Durch die angesprochenen Körperlichkeiten fühlen sich vor allem scheue Hunde zudem bedroht. Andere erleben möglicherweise eher ein Gefühl von Ekel. Am Ausdrucksverhalten des betroffenen Hundes kann ablesen, wie er die Situation empfindet. Anzeichen von Meideverhalten, Demuts- und Stressgesten (**Info-Link: www.rueckruf-fibel.de**) sind deutliche Alarmsignale. Sie zu übersehen, führt nach und nach zu einer Verschlechterung des Rückrufs, denn der Hund beginnt, Situationen, in denen ihm Unangenehmes widerfährt, zu umgehen.

Hunde möchten in einer Übungs- oder Arbeitssituation nicht angefasst werden. Ängstliche Hunde erleben auch wohlwollendes Streicheln durch den Besitzer nicht als Belohnung, sondern als Bedrohung und somit als Strafe.

MERKE   Eine Belohnung muss beim Empfänger das Gefühl von Freude auslösen, sonst wirkt die Maßnahme nicht als Belohnung. Die Absicht des Senders, dem Empfänger eine Freude zu machen, reicht hingegen nicht aus!

Fehlerquelle Nr. 15: Unangenehme Folgen

Der Hund verbindet Unangenehmes mit seinem braven Herankommen.

Hierfür gibt es zwei klassische Beispiele. Beiden ist gemein, dass der Hundehalter diesen Fehler unabsichtlich begeht, denn sein Fokus ist überhaupt nicht auf den Rückruf gerichtet. Dennoch kommt es zu einer schadhaften Verknüpfung mit dem Signal bzw. der Handlung. Im ersten Fall ruft der Tierhalter seinen Hund heran, um ihn wegen einer anderen Sachlage zu bestrafen. Nehmen wir an, weil er beim Betreten des Wohnzimmers ein vom Hund sorgfältig ausgeweidetes Sofakissen gefunden hat. Sie stolpern sicher schon über den offenkundigen Timingfehler im Strafeinsatz. Leider ist dies für viele Hunde dennoch eine Alltagssituation! Durch die vom Menschen körpersprachlich ausgedrückte Wut, direkte Bedrohung, Schelte oder körperliche Strafe wird das Rückrufsignal oder seine (brave) Handlung - wenn er sich tatsächlich zum Besitzer traut - vom Hund zwangsläufig mit Angst oder Schmerz verknüpft. Im zweiten Fall wird der Hund nicht bewusst bestraft, dennoch verknüpft der Hund den Rückruf als Freifahrtschein in sein persönliches Verderben, etwa wenn er gerufen wird, um etwas für ihn Unangenehmes tun zu müssen (z.B. ihn zu duschen, wenn er dies nicht mag o.Ä.).

MERKE   Das Zeitfenster für den fachgerechten Einsatz von Verstärkern (Belohnungen oder Strafen) ist sehr klein. Fehlerfrei verknüpft werden können nur Situationsdetails, die nicht länger als maximal 1-2 Sekunden zurückliegen!

Mangelnder persönlicher Erfolg

Hunde möchten - genau wie wir Menschen auch - persönliche Erfolge einheimsen. Handlungen, die ihnen Spaß machen, werden freiwillig immer wieder ausgeführt. Dem Rückrufsignal Folge zu leisten, ist für viele Hunde jedoch leider häufig nicht mit einem persönlichen Erfolg verknüpft.

Die Konsequenz dessen ist, dass der Rückruf im geheimen Tagebuch eines Hundes daher oftmals auch nicht auf der Liste seiner liebsten Handlungen zu finden ist.

Fehlerquelle Nr. 16: Verleitungen

Brav zu sein stellt sich für den Hund im Vergleich mit der Anziehungskraft der Verleitung als weniger attraktiv dar.

Eigenes Wohlbefinden zu erreichen oder zu erhalten ist auch beim Hund die stärkste Triebfeder für sein Handeln. In Bezug auf den Rückruf bedeutet dies, dass er, selbst wenn er die Bedeutung des Signals kennt, nur dann Folge leistet, wenn es für ihn Sinn macht. Wenn ein Hund beim Tierhalter grundsätzlich kein positives Feedback für einen prompten Rückruf erhält, ist die Konsequenz seiner Bravheit „Fadheit". Im Alltag können dann selbst mäßig starke Ablenkungen lohnenswerter als das Zurückkommen zum Besitzer erscheinen. Aber auch ein Halter, der den Hund für den Rückruf belohnt, sieht sich mit starken konkurrierenden Ablenkungen konfrontiert. Hierzu zählen beispielsweise das Spiel mit Hundefreunden, Jagdausflüge, leicht erreichbare Extrasnacks an Grillplätzen etc.. Um einen perfekten Rückruf zu erreichen, muss er es schaffen, den Stellenwert des Rückrufs (z.B. durch die Verknüpfung mit Qualitätsbelohnungen) oberhalb dieser verleitenden Ablenkungen anzusiedeln und dort zu halten. Dies ist tatsächlich eine Herausforderung.

> Grundsätzlich kann auch die Tatsache, einer Strafe zu entgehen, eine Handlungsmotivation für das „Bravsein" darstellen.
>
> Einen Hochgeschwindigkeits-Rückruf über den Einsatz von Strafen aufzubauen ist jedoch annähernd unmöglich, da Hunde im „Meideverhalten" gehemmte Bewegungsbilder zeigen (vgl. auch Fehlerquellen 12 und 19).

Fehlerquelle Nr. 17: Das Ende allen Spaßes

Das Rückrufsignal kündigt dem Hund das Ende seiner Freiheiten und seines Spaßes an.

Zwei Dinge treten in diesem Zusammenhang häufig parallel oder in direkter Folge auf: Durch den Rückruf wird eine für den Hund angenehme Situation beendet und/oder durch den Rückruf wird indirekt etwas Unangenehmes eingeleitet (vgl. auch Fehlerquelle 15).

Typische Beispiele aus dem Hundealltag sind:
- Der Hund wird gerufen und angeleint (wobei er manchmal zudem körperlich bedroht wird). Danach wird er an der Leine geführt. Wenn er nicht leinenführig läuft, wird dann oftmals versucht, das Leinelaufen mittels Strafen wie Rucken und Reißen oder über Hilfsmittel, die beim Zug Schmerzen erzeugen, zu verbessern.

- Der Hund wird nur am Ende des Spaziergangs gerufen und nach Hause gebracht, wo er keine weiteren Anregungen erfährt oder sogar alleine sein muss.
- Der Hund wird gerufen und soll ins Auto einsteigen. Hierbei erlebt er bewegungsbedingte Schmerzen aufgrund von Arthrosen, Spondylosen o.a. oder ihm wird auf den Autofahrten übel.

Die Liste könnte mit individuellen Gründen noch deutlich verlängert werden. In jedem dieser Fälle bedeutet für den Hund der Rückruf das momentane Ende des Spaßes oder Wohlbefindens. Bei einem Hund, dem dies widerfährt, wird, selbst wenn der Trainingsaufbau des Rückrufs fehlerfrei und positiv vermittelt war, dieser schon bald nicht mehr unter den Lieblingskommandos rangieren.

Kommunikation, Emotionen und Gefühle

Die emotionale Wahrnehmung der Situation, das Naturell der Beteiligten und ihre momentane Ausstrahlung spielen beim Rückruf eine wichtige Rolle.

> MERKE   Scheue Hunde empfinden Bückbewegungen in ihre Richtung, Berührungen von oben und einen direkten Blickkontakt als besonders bedrohlich. Bewusster Verzicht auf derlei Handlungen öffnet ihnen die Tür zur angstfreien Annäherung.

Fehleranalyse

Fehlerquelle Nr. 18: Ängstlichkeit

Der Hund ist im Alltag Menschen gegenüber generell ängstlich.

Hunde, die nicht ausreichend gut mit Menschen sozialisiert sind oder die wiederholt schlechte Erfahrungen mit Menschen gemacht haben, zeigen sich in der Annäherung und Nähe des Menschen häufig scheu und unsicher.

HINWEIS   Hunde, die als Welpen und junge Junghunde häufig von Ihren Besitzern überfallartig eingefangen wurden, verhalten sich später häufig aggressiv bei körperlichen Berührungen. Ein frühes Unterbrechen eines solchen Teufelskreises ist daher auch zur Problemprophylaxe auf anderer Ebene ratsam!

In vielen Fällen meiden sie aktiv körperliche Berührungen und bleiben (knapp) außerhalb der Reichweite ihres Besitzers. Dies führt meist zunächst zur Verzweiflung auf Seiten des Tierhalters. Obwohl der Hund möglicherweise brav auf den Zuruf seines Tierhalters reagiert hat, kann dieser seinen Hund nicht erreichen und somit auch nicht anleinen. Eine häufige Konsequenz ist dann ein überfallartiges „Schnappen" nach dem Hund, wenn er in Greifweite gerät. Dies führt in aller Regel zu einer weiteren Verschlechterung der Gesamtsituation. Durch den Übergriff wird der Hund noch scheuer. Der Besitzer ärgert sich häufig zudem über den (antrainierten) Zugewinn an Schnellig- und Geschicklichkeit seines Hundes.

Fehlerquelle Nr. 19: Bedrohung

Der Hund fühlt sich durch die Körpersprache des Menschen bedroht.

Nicht in allen Fällen ist von Grund auf Wut oder Ärger die Ursache für eine bedrohliche Körpersprache des Menschen. Auch in Unkenntnis der wichtigsten Kommunikationselemente von Hunden kann der Mensch (versehentlich) bedrohlich wirken. Für den Rückruf ist dies ein Schadfaktor. In einer für sie bedrohlichen Situation setzen Hunde Strategien ein, von denen sie sich eine Entspannung der Sachlage versprechen. Eine zügige Annäherung an den Tierhalter ist in diesem Programm jedoch leider nicht enthalten. Stattdessen zeigen sie beispielsweise „Meideverhalten" und weichen aus. Aus gut gemeinter Höflichkeit dem Menschen gegenüber werden sie zudem in vielen Fällen in der Annäherung langsamer. Sie steuern den Tierhalter in einem Bogen, statt auf direktem Weg an, sie wenden den Blick ab, manchmal schnüffeln sie auch noch. Andere Hunde kompensieren ihren Stress über Albernheiten. Sie nehmen beispielsweise ein Hölzchen auf und spielen damit oder rennen in „buckeliger" Art in der Nähe des Tierhalters Kreise. Nicht selten beschwört all dies (noch mehr) Wut herauf. Speziell, wenn der Tierhalter das Verhalten seines Hundes nicht (fachgerecht) deuten kann, sieht er in diesen Verhaltensweisen eher eine Provokation als durch Stress ausgelöste hundetypische Kommunikationsmittel.

Fehlerquelle Nr. 20: Ausstrahlung

Der Mensch verrät seinem Hund durch die körperliche Ausstrahlung viel über seine Ansichten.

Die Ausstrahlung spricht Bände ... Hunde sind hervorragende Beobachter. Auch kleinste Körpersprachelemente entgehen ihnen nicht. Dies macht sie zu wahren Meistern, wenn es darum geht, die Stimmungslage des Besitzers einzuschätzen. Denn auch beim Menschen verändert sich der Körperausdruck durch die jeweilige Situation und erlebte Emotion. Für die Rückrufsituation ergeben sich hierdurch dann Probleme, wenn der Mensch beispielsweise ausstrahlt, dass er nicht damit rechnet oder nicht daran glaubt, dass sein Hund auf das Kommando (überhaupt) reagieren wird. Auch über ein zwanghaftes Bemühen, den Hund bei sich zu halten, strahlt der Mensch eher Verzweiflung und Unzulänglichkeit als Souveränität und Führungsqualitäten aus. Ähnliches gilt für den bei einem gesunden Hund von Anfang an zum Scheitern verurteilten Versuch, den Hund durch Nachlaufen einzufangen. Statt den Rückruf des Hundes zu verbessern, trägt es bestenfalls zu seiner Belustigung und bei häufigem Training auch zur Steigerung seiner Fitness bei. Zusammenfassend kann man sagen, dass weder Wut oder Ärger noch Sorge, Angst oder Verzweiflung geeignete Stimmungslagen für einen Rückruferfolg sind. In aller Regel sind sie neben der wenig anziehend wirkenden Ausstrahlung des Menschen zudem auch noch mit anderen Fehlern verknüpft (siehe Fehlerquellen 8 und 12).

> Über seine Ausstrahlung kann der Tierhalter seine Anziehungskraft verändern. Auf einen Hund wirken Souveränität, Freundlichkeit und Humor des Menschen sowie die Gewissheit, in seiner Nähe in Sicherheit zu sein, wie starke Magnete.

Chaos, Kummer, Konsequenzen

Wie Sie nun gesehen haben, lauert rund um den Rückruf an jeder Ecke ein kleiner Fehlerteufel. Zusammenfassend können wir festhalten, dass wir im Alltag tatsächlich tagtäglich viele Hunde beobachten können, die nicht auf Zuruf zu ihren Haltern laufen und Menschen, die sich erfolglos bemühen, ihren Hund wieder „einzufangen" oder die, wie ein Peilsender dauernd Töne von sich geben, ohne dass der Hund sich darum kümmern wird. Auch das Rufen im denkbar ungünstigsten Augenblick ist an der

Tagesordnung. Viele Hunde haben zudem gar kein Training durchlaufen oder es wurden „Trainingsmethoden" angewandt, die der Lerntheorie (also den Gehirnfunktionen bzw. biologischen Lerngesetzen) entgegenstehen.

Die Konsequenzen sind – egal von welchem Standpunkt aus betrachtet – unerfreulich!

Alltagsbilder zeigen uns:
- Hunde, die bestraft werden
- Hunde, die in Gefahrensituationen verwickelt sind
- Menschen oder Hunde, die von fremden, nicht abrufbaren oder nicht abgerufenen Hunden belästigt werden
- Hunde, die trotz eines guten Sozialverhaltens niemals ohne Leine laufen dürfen
- und verzweifelte und unzufriedene Besitzer.

Das kann man ändern!

MERKE   Es gibt zahlreiche Fehlerquellen, die einen unzureichenden Rückruf bedingen können.

Und es sei nur schon einmal angemerkt, dass die zusätzlichen Schwierigkeiten, die aus Ablenkungen entstehen, hier noch gar nicht in aller Ausführlichkeit berücksichtigt wurden.

Bereits an dieser Stelle ist aber offenkundig, dass der Rückruf grundsätzlich dann nicht gut gelingt, wenn der Hund sich in der direkten Nähe des Halters nicht sicher fühlt und er keinen persönlichen Erfolg mit dem Rückruf verbindet oder dieser Erfolg in seiner individuellen Wertigkeitsskala dem Spaß und der Freude durch andere Ablenkungen deutlich unterlegen ist.

Fehleranalyse

Übersicht Fettnäpfe und Tabus

TIPP 1   Setzen Sie im Alltag kein Rückrufsignal ein, bei dem Sie zusammen mit Ihrem Hund nicht bereits Profi-Status erreicht haben.

HINWEIS   Für den Profi-Status ist die Anzahl der fehlerfreien Wiederholungen entscheidend. Es gilt: je mehr, umso besser.

TIPP 2   Setzen Sie das Rückrufsignal niemals ein, wenn die Chancen auf ein perfektes Gelingen ungewiss sind oder von vornherein schlecht stehen!

HINWEIS   Holen Sie stattdessen Ihren Hund lieber ab, oder testen Sie vorab das Maß seiner Konzentration, indem Sie ihn mit seinem Namen ansprechen.

TIPP 3   Verbringen Sie Ihren Hund nicht in Situationen, in denen er Erfahrungen sammeln kann, die ihm Spaß bereiten, wenn sie dem Rückruf entgegenstehen.

HINWEIS   Der größte Stolperstein sind in diesem Zusammenhang Jagdverleitungen.

TIPP 4   Lassen Sie einen prompten Rückruf niemals „unbezahlt". Dies gilt besonders für brave und zügige Reaktionen eines Trainingsanfängers.

HINWEIS   Sie stehen in Konkurrenz zu attraktiven Verleitungen. Sie müssen die größte Attraktion für Ihren Hund sein.

TIPP 5   Vermeiden Sie Ungenauigkeiten beim Rückrufsignal, denn Ihr Hund kann nur brav reagieren, wenn er genau weiß, was Sie meinen.

HINWEIS   Achten Sie auf eine klare Signaldefinition und eine präzise Übungsumsetzung.

TIPP 6   Bestrafen Sie Ihren Hund niemals, wenn er sich Ihnen annähert – gleichwohl, was zuvor geschehen ist.

HINWEIS   Überprüfen Sie zudem genau, ob in Ihrem Handeln möglicherweise auch indirekte (unbewusste) Strafen versteckt sind.

Fehleranalyse

TIPP 7   Vermeiden Sie jede Form von Negativverknüpfung im Zusammenhang mit dem Rückrufsignal.

HINWEIS Berücksichtigen Sie bei der Betrachtung der Sachlage die Hundesicht!

TIPP 8   Lassen Sie sich niemals aus der Fassung bringen. Werden Sie für Ihren Hund zum Fels in der Brandung.

HINWEIS Zeigen Sie sich stets selbstsicher und souverän. Bieten Sie Ihrem Hund Sicherheit und Geborgenheit in Ihrer Nähe.

TIPP 9   Vermeiden Sie Geiz beim Einsatz von Belohnungen. „Alibibelohnungen" sind ohne Wert.

HINWEIS Eine echte Belohnung löst beim Empfänger das Gefühl von Freude aus. Kontrollieren Sie, ob dies in Ihrem Team der Fall ist.

TIPP 10   Angst vor Berührungen und Angst vor Nähe sind häufige Gründe für einen Hund dem Menschen lieber fern zu bleiben.

HINWEIS   Trifft dies auf Ihren Hund zu? Falls ja, sind Vorübungen nötig, um dieses Problem aus der Welt zu schaffen.

TIPP 11   Kontrollieren Sie das Maß der Ablenkungen. Passt es zum aktuellen Trainingsniveau?

HINWEIS   Gehen Sie kein Risiko ein und „testen" Sie nicht, ob der Rückruf schon gelingt, wenn Sie bereits ahnen, dass die Anforderung noch zu hoch sein könnte.

TIPP 12   Benutzen Sie keine Ausreden wie das Gönnen von Spaß oder Freiheit, statt zu üben.

HINWEIS   Die mehrmals täglich umgesetzten Übungen sind ein wertvoller Teil der Beschäftigung und letztendlich die „Garantie" für gemeinsamen Spaß und gefahrlose Freiheiten.

Fehleranalyse im Team

Beschreibung des Trainingsmanagements bzw. der Situationen	In Bezug zum Rückruf vorteilhaft	nachteilig	Mehr Infos
Haben Sie schon am ersten Tag, als der Hund bei Ihnen eingezogen ist, mit zielgerichteten Rückrufübungen begonnen und dieses Training seither täglich fortgesetzt?			Seiten 26-59
Hat der Hund Gelegenheit gehabt, mit dem Nichtkommen einen persönlichen Erfolg zu verbuchen? Hat er gespielt, gejagt, etwas gefressen, obwohl Sie ihn gerufen haben?			Seiten 28ff; 115
Ist er schon häufiger leer ausgegangen, obwohl er auf Ihren Zuruf brav reagiert hat?			S. 28; 67ff
Hat Ihr Hund auf dem Spaziergang Gelegenheit Dinge zu unternehmen, die ihm Freude machen ohne dass Sie an diesen Aktionen beteiligt sind?			Seite 30
Wendet sich Ihr Hund Ihnen zu, wenn er ein Problem hat (etwa wenn er sich fürchtet oder wenn er verletzt ist, wenn er zur Umsetzung eines Plans Hilfe und Unterstützung braucht)?			Seiten 65f
Hat Ihr Hund Gelegenheit zu streunen?			S. 28f
Kommen Sie bereits auf eine wirklich hohe Summe fehlerfreier Wiederholungen des Rückrufsignals?			Seite 105
Benutzen Sie das Rückrufsignal im normalen Sprachgebrauch ohne den Hund zu meinen? Ist es gar ein Füllwort?			Seiten 35f

Beschreibung des Trainingsmanagements bzw. der Situationen	In Bezug zum Rückruf vorteilhaft	nachteilig	Mehr Infos
Verändert sich Ihre Stimme im Stress?			S. 36f
Haben Sie das Rückrufsignal an den Ernstfall angepasst?			S. 28f; 106
Ist das Rückrufsignal für Ihren Hund ein eindeutiges Signal und gut aus dem Wirrwarr der ihn im Alltag umgebenden Geräuschkulisse herauszuhören?			Seite 106
Ist dem Hund die Bedeutung des Rückrufsignals in Übungen vermittelt worden?			S. 28ff; 32
Achten Sie hundertprozentig geanu darauf, für Ihren Hund stets spannender als jede Ablenkung zu sein?			Seite 117
Ist das Signal genau definiert?			S. 33f
Stehen Sie auf einer Spazierrunde für Ihren Hund mehr im Mittelpunkt als andere Reize (z.B. Artgenossen, fremde Menschen, Jagderlebnisse)?			Seite 113
Ist Ihrem Hund die genaue Definition des Rückrufsignals (d.h. in allen Einzelheiten?!) bekannt?			S. 33f; 124
Wird im Alltag auch danach gehandelt?			S. 39
Benutzen Sie stets das gleiche Signal?			S. 35
Ist eine genaue Endhandlung/Endposition für den Rückruf definiert?			Seite 37f
Rufen Sie stets im richtigen Moment?			S. 38f

Fehleranalyse

Beschreibung des Trainingsmanagements bzw. der Situationen	In Bezug zum Rückruf vorteilhaft	nachteilig	Mehr Infos
Ist Ihr Hund überhaupt in der Lage Ihnen in diesen Momenten Aufmerksamkeit zu schenken?			Seiten 111ff
Rufen Sie punktgenau oder ggf. häufiger zu Übungszwecken?			S. 28f; 38f
Betrachtet Ihr Hund Sie auf dem Spaziergang als „Peilsender"?			Seite 38f
Gehen Sie bewusst mit dem Rückrufsignal um, und achten Sie auch auf die Ausführung der Handlung?			Seite 39
Erlebt der Hund bei Ihnen Spaß, Freude und Sicherheit, wenn er sich Ihnen annähert?			S. 40ff; 65f
Fürchtet sich der Hund vor bestimmten Körperspracheelementen?			Seite 51
Zeigt Ihr Hund bei Berührungen (inkl. Anleinen) Meideverhalten?			S. 51f; 70f
Wird der Hund für gute Leistung hochwertig belohnt?			Seite 75
Kann diese Belohnung mit Ablenkungen konkurrieren?			Seite 110
Löst die eingesetzte Belohnung zuverlässig das Gefühl von Freude beim Hund aus?			Seite 45
Ist der Rückruf die Einleitung für eine Situation, die der Hund nicht mag?			Seite 45f
Haben Sie den Hund schon einmal für ein nur zögerliches Kommen bestraft?			Seiten 40ff

Kapitel 3
Trainingsplanung

Trainingsplanung

Für einen größtmöglichen Erfolg im Rückruftraining sind viele Einzelfaktoren verantwortlich. Zu dem „Gesamtpaket" zählen, neben den Übungen (die ab Seite 128ff aufgeführt sind), auch das Alter des Hundes, seine Rasseveranlagung, seine Vorerfahrungen im Training, die Haltungsform, die Bindungsstärke, der generelle Umgang mit dem Hund vonseiten des Menschen, dessen Führungsqualitäten und seine Trainingsstrategien.

In diesem Kapitel werden wir den Blick auf ebendiese Aspekte richten, denn wie Sie sehen werden, ergeben sich hieraus einige Trainingsgrundbedingungen, die es im Idealfall bereits im Vorfeld zu erschaffen bzw. zu erfüllen gilt.

Trainingsgrundregeln

Mit den Trainingsgrundregeln wird das Grundgerüst abgesteckt. Im Wesentlichen geht es hier um die Betrachtung der Emotionen, die beim Rückruf ausgelöst werden, um die Bezugnahme zur Lerntheorie sowie um allgemeine Aspekte der Haltung, Führung und des Trainings.

> MERKE Modernes Hundetraining basiert auf biologischen (neurologischen) Gesetzmäßigkeiten, die in der Lerntheorie zusammengefasst sind.

> Die Auswahl der konkreten Übung ist an das Trainingsziel gebunden. Um dieses jedoch abzustecken, ist von Interesse, für wen es konzipiert ist und was die Erwartungen des Menschen sind und was für eine Vorgeschichte der Hund erlebt hat.

Geborgenheit und Unversehrtheit

Trainingsgrundregel 1
In der direkten Nähe „seines" Menschen sollte der Hund sich immer sicher fühlen und gute Dinge erleben.

Eine wichtige Grundbedingung für ein vom Hund freudig und zügig ausgeführtes Rückrufsignal ist, sich in der Nähe „seines" Menschen sicher zu fühlen. An dieses Gefühl ist auch die Bereitschaft gekoppelt, sich gerne (länger) dort aufzuhalten. Schadfaktoren, die das Gefühl von Sicherheit zerstören, sind Übergriffe jeder Art (siehe Fehlerquellen 12-15 und 18-20). Diese gilt es strikt zu vermeiden.

Der Begriff „Sicherheit" beinhaltet hierbei zwei Aspekte. Den physischen (die körperliche Unversehrtheit) und den emotionalen (Bedrohungsfreiheit). Konkret bedeutet dies: Im Dunstkreis des Besitzers sollte der Hund niemals Ängste oder Schmerzen erleben!

Angst

Ängstliche Hunde brauchen häufig eine besondere Unterstützung im Training. Angst und Sicherheit sind Gefühle, die nicht gleichzeitig auftreten können. Vor allem auch die Aufdeckung unabsichtlicher Bedrohung (Bücken über den Hund, ein Anleinen von oben, auf den Hund zugehen etc.) ist in diesen Fällen wichtig. Am besten lässt man eine andere Person, die den Hund gut lesen kann, das Team in einigen Situationen beobachten und dann ihren Eindruck schildern. Aber auch über Videokontrollen können etwaige Fehler leicht entlarvt und in der Folge wirksam vermieden oder umgelernt werden. **Info-Link: www.rueckruf-fibel.de**

> Mit Hunden, bei denen ein bestehendes Rückrufproblem an Ängste gekoppelt ist, können und sollten Spezialübungen umgesetzt werden. Ihre Ängste können in fachgerecht angesetzten, verhaltenstherapeutischen Übungen zielgerichtet abgebaut werden. **Info-Link: www.rueckruf-fibel.de**

Körperliches Unwohlsein

Körperliches Unwohlsein kann viele Ursachen haben. Unwohlsein, das der Hund mit seinem Besitzer in Verbindung bringt, steht einem Rückruferfolg entgegen. Die Anwendung von direkten Strafen, die über das Schmerzerleben wirken, wäre hier als Beispiel zu nennen. Bei der Fehleranalyse wurde dies bereits angesprochen (vgl. Fehlerquellen 12; 13 und 14). Aber auch wenn beispielsweise beim Einsatz einer Spielbelohnung

Bewegungsschmerzen beim Hund ausgelöst werden, kann es leicht passieren, dass dieser für das Schmerzerleben seinen Menschen verantwortlich macht. Ähnliches gilt auch, wenn bestimmte Futtermittel vom Hund nicht gut vertragen werden und Übelkeit oder Darmverstimmungen auslösen. Gehen Sie auch hier mittels genauer Beobachtung (gegebenenfalls unter Videokontrolle) der Ursache auf den Grund, um diesen Stolperstein aus der Welt schaffen zu können, wenn Sie bemerken, dass Ihr Hund sich generell nur zögerlich annähert oder gar Meideverhalten im Belohnungsmoment zeigt, denn dies sind Alarmsignale.

MERKE   Sicherheit in unmittelbarer Nähe des Besitzer muss für den Hund eine hundertprozentige Gewissheit sein!

Einsatz von Belohnungen

Trainingsgrundregel 2
Eine Belohnung muss beim Empfänger das Gefühl von echter **FREUDE** auslösen!

Bitte folgen Sie mir nun in den Sektor der Lerntheorie. Es lohnt sich wirklich, hier hinein zu schnuppern bzw. sich immer wieder ein paar Details in Erinnerung zu rufen. Um dem Ziel einer freudigen Umsetzung des Rückrufs Rechnung zu tragen, fällt die Wahl der Verstärker zwangsläufig auf den Einsatz von „positiven Belohnungen" **(siehe Website)**. Aber damit ist noch nicht alles gesagt. Auf den folgenden Seiten werden wir die Vor- und Nachteile verschiedener Belohnungen etwas näher betrachten, um weitere Klarheit in die Angelegenheit zu bringen.

Futter

Die **Vorteile** sind schnell benannt: Man kann über eine breite Auswahl an Möglichkeiten die Qualität (Wertigkeit) sehr gut steuern. Futter ist in der Wahrnehmung des Hundes niemals negativ oder als Strafreiz belegt.

Nachteile: Man muss für das Training (anfänglich klugerweise auch für Alltagssituationen) gewappnet sein und das Futter leicht zugänglich parat haben.

> Es ist eine Beobachtung, dass sich Menschen in Bezug auf Futterbelohnungen häufig „geizig" verhalten. Das ist eigentlich unverständlich, denn Nahrung muss der Hund ja in jedem Fall zugeführt bekommen. Das Futter kann daher als Lohn eingesetzt werden. Dies hat auch Auswirkungen auf die Bereitschaft zur Mitarbeit. Je mehr Lohn Sie Ihrem Hund „zahlen", desto wertvoller erscheint ihm sein Job! Ziehen Sie ihm die eingesetzte Menge von der Tagesration ab. Auf diese Weise können Sie bei guter Leistung reinen Herzens etwas verschwenderischer sein, ohne dass unschönes „Hüftgold" zum Problem wird.

> Belohnungen sollten stets individuell ausgewählt werden. Bei einem Trainingsanfänger oder einem „Umlerner" ist ganz speziell darauf zu achten, dass sie aus seiner Sicht absolut hochwertig sind (vgl. S. 75).

Spiel und Spielzeug

Vorteile: Man kann über den Einsatz von Spielbelohnungen bei einem spielfreudigen Hund eine hohe Motivation und Geschwindigkeit erzeugen.

Nachteile: Der Einsatz von Spielbelohnungen eignet sich nicht für jeden Hund. Je nach Rasseveranlagung oder Lebenserfahrung ist Spielen manchen Hunden so suspekt, dass ein angebotenes Spiel keine Freude auslöst. Im Einzelfall empfinden „spielunwillige" Hunde das Spielangebot als irrelevant (sie lassen sich nicht darauf ein) oder sogar als Bedrohung (sie fürchten sich vor den Bewegungen und meiden daher den Menschen). Mit großen und kräftigen Hunden zu spielen erfordert zudem auch auf Menschenseite ein gewisses Maß an Fitness.

Spielbelohnungen, die auch als solche funktionieren, lösen immer eine hohe Erregungslage aus. Im Bereich des Rückrufs ist dieser, in Ruheübungen oftmals störende Aspekt, jedoch durchaus zu verschmerzen. Einzig, wenn der Hund in direktem Anschluss an den Rückruf konzentrationsintensive Aufgaben lösen soll, tut man gut daran, auch bei einem spielbegeisterten Hund, kurzfristig auf eine Futterbelohnung umzuschwenken.

Feinheiten beim Einsatz von Spielbelohnungen in Rückrufübungen:
Hunde, die über ein Wurfspiel belohnt werden, erleben den „Freudenkick" beim Überwältigen der Beute – also abseits des Menschen. Dies ist im Sinne des Rückruftrainingsziels nämlich einer „Näheverknüpfung" ungünstig.

Zudem ist im Wurfspiel häufig zu beobachten, dass Hunde, die ein Flugobjekt erwarten, in einiger Distanz vor dem Menschen lauernd stehen bleiben, um zu beobachten, in welche Richtung ihre „Beute" fliegt. Dieses Verhalten ist als große Stolperfalle für die Erfüllung einer zügig eingenommenen und in aller Regel auch nahen Endposition zu betrachten.

Diese beiden negativen Aspekte des Spiels können durch die Wahl einer anderen Spielart vollständig kompensiert werden: Im Objektspiel mit dem Menschen. Der Hund darf hier in ein vom Menschen gehaltenes Beuteobjekt packen und daran zerren. Um sämtliche möglichen Negativaspekte auszuklammern, ist beim Einsatz dieser Belohnungsart explizit darauf zu achten, dass der Hund ein freudiges AUS-Kommando beherrscht (oder vorher lernt) und dass er vor allem als Trainingsanfänger beim Abnehmen des Objekts kein negatives Verlustgefühl erleidet.
Info-Link: www.rueckruf-fibel.de

Streicheln und Körperkontakt
Das wichtigste Kriterium bei der Auswahl der Belohnung ist, ob der Empfänger diese als solche empfindet. In Bezug auf das klassische „Über-den-Kopf-Streicheln" ist zu beobachten, dass eine große Anzahl von Hunden

> Anders als beim Einsatz einer Futterbelohnung erzeugt man durch das gemeinsame Spielen keinesfalls das Gefühl von Sicherheit oder Geborgenheit. Die Mechanismen, durch die Spielen das Wohlbefinden steigern kann, so dass es als positiver Verstärker einsetzbar ist, sind: die Steigerung von Spannung und Neugierde, das Ausleben der Bewegungsfreude und das Hoffen auf einen Erfolg. Schüchterne bis ängstliche Hunde sind hier häufig im Hintertreffen, auch weil viele Spiele mit einer Fülle an Drohelementen gespickt sind.
>
> Eine Videokontrolle und die Analyse des Ausdrucksverhaltens kann im Zweifelsfall Aufschluss darüber bieten, ob eine Spielbelohnung zu diesem Hund passt.

mit Meideverhalten auf diese Form der Berührungen reagiert. Sie sehen demnach in dieser Handlung keine Belohnung! Auch ein wohl gemeintes Streicheln empfinden viele Hunde als Übergriff und Bedrohung!

Vorteile: keine im Vergleich zu anderen Belohnungsmöglichkeiten
Nachteile: ggf. Auslösung negativer Emotionen.

Feinheiten beim Einsatz von Körperkontakt als Belohnung:
Natürlich gibt es auch bei körperlichen Berührungen verschiedene Möglichkeiten. Der Kernpunkt ist: Um als angenehm abgespeichert zu werden, darf die Berührung vom Hund nicht als bedrohlich empfunden werden. Bewegungen von oben schneiden hier oft schlecht ab.

Ähnliches gilt für den Fall, wenn die Berührungen stark ausgeführt werden (dies ist häufig beim „Klopfen" der Fall) oder Körperteile berührt werden, an denen der Hund eine Berührung nicht mag.

In Arbeitssituationen lehnen auch Hunde, die „privat" durchaus sehr verschmust sein können, Berührungen in aller Regel ab.

> Berührungen sind als Belohnung für den Hund nur von geringem Wert. Sie lösen nicht zuverlässig genug wirklich überschäumende Freude aus (vgl. Fehlerquellen 14; 18; 19). Für den Einsatz im Rahmen des Rückruftrainings sind sie wenig geeignet.

Lobwort

Der Spruch „Worte sind wie Schall und Rauch" beinhaltet, im Hinblick auf die qualitative Einschätzung eines Wortes als Belohnung, für den Hund schon die ganze Wahrheit.

Nachteil: Die Wertigkeit ist im Vergleich zu anderen Belohnungsmöglichkeiten recht gering. Dies gilt ganz speziell, wenn das Lobwort nie sauber konditioniert, d.h. an einen Primärverstärker gekoppelt wurde (vgl. **Info-Link: www.rueckruf-fibel.de**)- eine leider häufig zu beklagende Tatsache. Im Rahmen des Rückrufaufbaus ist der alleinige Gebrauch eines Lobwortes daher keine gute Wahl.

Vorteil: In der Kopplung mit einem Primärverstärker spricht nichts gegen dessen zusätzlichen Einsatz. Auf diese Weise wird das Lobwort gestärkt und kann dann im fortgeschrittenen Training (z.B. im Rahmen eines intermittierenden Belohnungsschemas) auch gewinnbringend Anwendung finden.

Clicker

Für den Clicker gilt im Prinzip das bereits unter „Lobwort" Genannte.

Vorteil: Er punktet jedoch zusätzlich durch eine deutlich geringere Varianz als ein gesprochenes Wort. Der Clicker bleibt im Einsatz immer an einen Primärverstärker gebunden. Er kündigt ihn zuverlässig an.

Nachteil: Ihm fehlt jedoch, die bei einem Lobworteinsatz durchaus nicht zu unterschätzende, persönliche Komponente der Stimmungsübertragung.

> Der Clicker ist ein hervorragendes Hilfsmittel für die einzelnen Details des Rückrufs (z.B. die Endposition).
>
> Für das „bloße Herankommen" ist sein Einsatz hingegen gar nicht erforderlich. Der schnellste Trainingsweg ist nämlich, den Primärverstärker möglichst ohne Hilfsmittelumwege direkt einzusetzen. Dies gelingt beim Rückruf durch die unmittelbare Nähe zum Menschen problemlos.

Feinheiten beim Einsatz eines Sekundärverstärkers:
Für einen gewinnbringenden Einsatz muss der Hund die Bedeutung des jeweiligen Sekundärverstärkers (Lobwort, Clicker oder ein anderes Tonsignal) gelernt haben.

Dies erfolgt, indem man eine Kopplung zwischen dem gewählten Sekundärverstärker mit einem Primärverstärker herstellt.
Info-Link: www.rueckruf-fibel.de

> Für den Einsatz eines Sekundärverstärkers gilt: Seine jeweilige Wertigkeit ist auch langfristig gesehen an den mit ihm gekoppelten Primärverstärker gebunden. Dies sollte stets im Blick behalten werden!

Der Clicker ist im Rückruftraining vor allem für die Ausarbeitung kleiner Details der Gesamtzielsetzung (Positionstraining, Aufmerksamkeit, Blickkontakt und gegebenenfalls auch Geschwindigkeitstrigger) von hohem Wert.

Situative Belohnungen

Wie bereits angesprochen, spielt die Emotion Freude die entscheidende Rolle, ob etwas als positive Belohnung empfunden wird oder nicht. Mit diesem Wissen kann man sehr leicht auch andere Verstärker nutzen, die sich aus der jeweiligen Situation ergeben und die durchaus im Einzelfall Primärverstärkerqualitäten haben.

Um herauszufinden, was das sein könnte, muss man sachlich und ehrlich folgende Fragen beantworten: Was würde in diesem Moment bei meinem Hund Freude auslösen? Kann ich dem Hund dies „schadlos" gönnen?

Der Wert dieser Belohnungsform ist individuell, denn er hängt vom Blick des Hundes auf die Geschehnisse der Situation ab. Beispiele einer situativen Belohnung wären etwa die Erlaubnis, eine bestimmte attraktive Tätigkeit fortzusetzen oder zu starten (etwa ein Spielkontakt mit Artgenossen) oder auch ein gemeinsames Rennen (mit dem Hundehalter).

Vorteile: Man muss keine Extras mit auf den Spaziergang nehmen, um sie einsetzen zu können.

Nachteile: Es ist erforderlich, den Hund sicher lesen und einschätzen zu können. Manches, was für den Hund von hohem Wert ist, stellt sich als kontraproduktives Detail heraus (etwa wenn der Hund Freiheit erleben darf, die er zum Jagen nutzt).

> Bei guter Beobachtungsgabe und einem intuitiven Verständnis für die Bedürfnisse des Hundes hält man über die situative Belohnung ein machtvolles Werkzeug in Händen.

Werteanalyse der Belohnung

Sie haben gesehen: Belohnung ist nicht gleich Belohnung! Aus lerntheoretischer Sicht heraus verfolgt man beim Einsatz einer so genannten positiven Belohnung **(Info-Link: www.rueckruf-fibel.de)** das Ziel, eine Verhaltensweise zu stärken, so dass sie zukünftig häufiger gezeigt wird. Der emotionale Bezug spielt hier die entscheidende Rolle. Eine fachgerecht angesetzte (positive) Belohnung löst das Gefühl von Freude aus. Dies ist die Grundbedingung. Wie stark die Freude ist, kann man in gewissen Grenzen über die Art der Belohnung steuern.

Wie stark sich ein Hund über etwas freut, ist eine individuelle Angelegenheit. Um im Training stets die passende Belohnung parat zu haben, lohnt es sich, eine Belohnungsskala zu erstellen.

ACHTUNG   Achten Sie vor allem im Übungsaufbau des Rückrufs ganz explizit darauf, im Belohnungsmoment nicht das Gefühl der Enttäuschung auszulösen.

Das Gefühl der Enttäuschung entsteht, wenn der Hund mit etwas Besserem gerechnet hatte und mit einem minderwertigen Ersatz abgespeist wurde.

Übung Die individuelle Belohnungsskala

Testen Sie, was Ihr Hund wirklich liebt. Bleiben Sie hierbei neutral und ehrlich. Stellen Sie also Ihre persönlichen Vorlieben hinten an. Beobachten Sie hingegen Ihren Hund ganz genau (ggf. mit Videokontrolle). Analysieren Sie sein Ausdrucksverhalten (Geschwindigkeit der Annährung an die Belohnung, Augenausdruck, gibt es ein Ausweichen oder Zögern, steigert die Belohnung die Erregungslage?). Eine Belohnungsskala kann durch das Abhalten von Lerntests noch spitzfindiger gestaltet werden. Meist führt das zu noch genaueren Ergebnissen. Für den Rückruf interessiert uns jedoch vor allem der allgemeine Beliebtheitsgrad. Er sollte möglichst hoch angesiedelt sein.

ACHTUNG   Hüten Sie sich vor der Vergabe von Alibibelohnungen. Ihr Hund kennt Sie besser als Sie denken. Er weiß, ob Sie sich über ihn und seine Leistung freuen oder nicht. Alibibelohnungen haben keinen Nährwert. Dies gilt für aus Hundesicht minderwertiges Futter ebenso wie für ein lustloses Spiel.

Schnellanalyse
Nahrung
Mein Hund frisst folgende Dinge gerne _____.
Er gerät wirklich aus dem Häuschen bei _____.

Spiel
Er lässt sich auf ein Zerrspiel ein mit: _____.
Er gerät aus dem Häuschen bei: _____.
Wichtige Zusatzfrage: Gibt er auch gut AUS? Siehe Trainingstipps **Info-Link.**

Körperliche Berührungen
Er wird an diesen Stellen gerne angefasst: _____.
Wann mag Ihr Hund die Berührungen oder fordert diese sogar selbst ein?

Trainingsplanung ─────────────────────────────────

Erstellen Sie nun eine Gesamtliste der Belohnungen, und bewerten Sie hierbei die Gefühle, die Ihnen Ihr Hund über sein Ausdrucksverhalten zeigt:

Mein Hund findet _____ „o.k.".
(Tragen Sie hier die einzelnen Belohnungen ein.)

Mein Hund findet _____ gut.
(Tragen Sie hier die einzelnen Belohnungen ein.)

Mein Hund findet _____ klasse.
(Tragen Sie hier die einzelnen Belohnungen ein.)

Mein Hund findet _____ mega-super.
(Tragen Sie hier die einzelnen Belohnungen ein.)

Mein Hund empfindet folgende Dinge als Upperclass-Belohnungen:

_____
(Tragen Sie hier die einzelnen Belohnungen ein.)

> Wenn Sie umfangreiche Tests durchgeführt haben, kann es sein, dass Sie in einer Sparte auch mehrere Dinge notiert haben. Das ist ideal!
>
> Versuchen Sie so lange zu testen, bis Sie mindestens eine wirkliche Upperclass-Belohnung gefunden haben.

Auch die Erstellung einer **Belohnungs-TOP 10** Übersicht kann für die Trainingsplanung und Trainingsgestaltung hilfreich sein.

1. _____

2. _____

3. _____

4. _____

5. _____

6. _____

7. _____

8. _____

9. _____

10. _____

Meist sind die TOP 3 Belohnungen aus Sicht des Hundes so wertvoll, dass sie Rückruf-geeignet sind.

Freizeitgestaltung

Trainingsgrundregel 3
Die Übungsauswahl muss individuell erfolgen, um eine ideale Mischung aus Auslastung und Entspannung finden zu können. Der Spaß für den Hund sollte im Trainingsplan tatsächlich nicht zu kurz kommen, jedoch nicht nach dem Motto „ohne Rücksicht auf Verluste".

Das Leben des Hundes besteht nicht nur aus Übungen. Fast zwangsläufig entstehen dem Hund somit auch Phasen der Freizeit. Zudem sind die meisten Hunde nicht durchgehend mit dem Besitzer zusammen. Das Leben und hierbei auch das Lernen geht für den Hund jedoch auch ohne Anwesenheit von oder Interaktion mit dem Tierhalter weiter. Schnell wird klar, dass diese Zeiten im Vergleich zu den eigentlichen Trainingszeiten in den meisten Haushalten weitaus überwiegen. Es gilt daher, ihnen aus planerischer Sicht, auch gebührende Aufmerksamkeit zu schenken (vgl. Fehlerquellen 3; 10; 16; 17).

Spaß und Freiheit

Fast jeder Tierhalter gönnt seinem Hund, Spaß zu haben. Das Problem liegt in der Betrachtung, was dem Hund Spaß bereitet. Oft wird in der Einschätzung der Sachlage, ohne weitere Überlegung, direkt vom Menschen auf den Hund geschlossen. In den Augen vieler Tierhalter ist Spaß somit „Freizeit". Freizeit wiederum bedeutet für sie, nicht zu arbeiten. Mit dem Hund wird in dessen „Freizeit" also nicht gearbeitet oder geübt ... Ich hoffe, in Ihnen drängen sich nun in rebellierender Art folgende Gedanken an die Oberfläche: „Wieso denn das? Üben macht doch auch Spaß!" - Das ist auch meine Meinung!

Es lohnt sich aber einen noch genaueren Blick auf die Sachlage zu werfen, denn sie beeinhaltet noch mehr Finessen. Halten wir zunächst fest: Üben macht Spaß (wenn die Übungen mit persönlichen Erfolgen einhergehen). Wie aber ist es mit Pausen? Muss der Hund nicht auch einmal Zeit haben, in der er nicht übt und abschalten kann? Ja, absolut richtig. Diese Zeit braucht er unbedingt. Die Frage ist nur, wann kann man ihm dies schadlos zugestehen? Oder konkreter: In welchen Situationen wählt der Hund, wenn man ihm keine Vorgaben macht, welche Aktivitäten?

Für viele Hunde sieht das Leben so aus, dass sie zuhause viel Langeweile haben. Die für sie zuständigen Menschen sind mit anderen Dingen beschäftigt oder gar nicht anwesend. Theoretisch hat der Hund also viel Zeit zu entspannen und abzuschalten. Wenn er sich drinnen aufhält, tendiert außerdem die mögliche Rückruffehlerquelle des Lernens gegen Null. Draußen oder auf dem Spaziergang sieht die Sache hingegen schon ganz anders aus! Hunde, die noch keine intensive Trainingsinformationen erhalten haben, lassen sich schnell von Gerüchen oder anderen Ablenkungen leiten bzw. verleiten und driften hierbei mitunter mehr oder weniger weit ab. Wenn sie auf ihren Freizeitausflügen Spaß haben (d.h. persönliche Erfolge verbuchen können), ist dieser zudem keinesfalls immer mit dem Menschen verknüpft. Meist bezieht er sich auf Artgenossen oder im schlimmsten (aber keinesfalls seltensten) Fall auf Jagderlebnisse.

Das Lernen ist an die individuelle und momentane Wahrnehmung gebunden. Oft wird übersehen, dass Menschen und Hunde die gleiche Situation völlig anders bewerten. Dies gilt auch für den Spaziergang. Der Mensch möchte sich in der Natur bewegen, um zu entspannen. Für den Hund ist der Spaziergang hingegen nicht der Moment der Entspannung, sondern sein auf Aktivitäten bezogenes Tageshighlight. In der Ausbildung des Hundes gilt es daher genau zu berücksichtigen und auch zu steuern, wie hoch der Stellenwert der verschiedenen Aktivitäten ist.

> Jeder Freiraum sollte dahingehend kontrolliert werden, ob der Hund ggf. etwas ausleben kann, das dem Trainingsziel entgegensteht. Zur Verhinderung eines Fehlerlernens (Fehlerquelle 3) ist in der Trainingsphase eine enge Einschränkung bzw. Kontrolle des Hundes sinnvoll.

Wie gerade dargestellt, trägt vor allem räumliche Freiheit eine relativ hohe Fehlerquelle in sich. Häufig wird dies auch beim Einsatz von Schleppleinen übersehen. Der Hund erscheint gesichert. Leider ist es dem Hund jedoch auch möglich, an einer Leine zu jagen. Und bei entsprechender jagdlicher Ambition wird er dies auch mit großer Freude tun, wenn ihm keine noch interessanteren Alternativen aufgezeigt werden.

MERKE Dem Hund auch seien Spaß zu gönnen, sollte dem Menschen bei der Verfolgung eines bestimmten Trainingsziels nicht zur Stolperfalle werden.

Trainingspausen

In einer wirklich zur Regeneration angesetzten Pause muss der Hund die Gelegenheit haben, in sicherer Umgebung und nach Absättigung anderer primärer Bedürfnisse (u.a. Nahrungsaufnahme und Versäuberung) zu ruhen. Dies ist auf einem Spaziergang nicht wirklich möglich.

Aus Trainings-Gesichtspunkten sollte das Training nicht immer und ausschließlich leistungsbezogen sein. Um den Hund möglichst lange bei der Stange halten zu können, ist ein Wechsel zwischen konzentrationsintensiven und „einfacheren" Übungen am günstigsten. Hierbei kann auf den gesamten Trainingspool inklusive aller Spiele zurückgegriffen werden. Auch durch einen gut durchdachten Wechsel zwischen Actionübungen und konzentrationsintensiveren Positionen oder Dingen, die noch neu sind und solchen, in denen der Hund schon ein alter Hase ist, ist eine spannende und doch gleichzeitig überforderungsfreie Trainingsgestaltung möglich.

Auslastung

Im Rahmen eines intensiven Rückruftrainings kann es zur Ausgrenzung der wichtigsten Fehlerquellen (speziell des Jagens, siehe Fehlerquelle 3) erforderlich sein, die Möglichkeit zum unbeschränkten Freilauf für eine gewisse Zeit (stark) einzuschränken. Die Auslastung des Tieres muss dann auf anderen Wegen, als über den Freilauf erfolgen. Die Auswahl und Zusammenstellung der entsprechenden Übungen sollte individuell und unter Berücksichtigung des allgemeinen Gesundheitsstatus, Trainingsstandes und der Haltungsform erfolgen. Besonders sinnvoll ist es hierbei in den Übungen sowohl den Kopf, als auch den Körper anzusprechen.

> Auslastungsübungen müssen keinesfalls als Trainingsalternative zum Rückruftraining betrachtet werden. Sie stellen vielmehr eine effektive Trainingsergänzung dar.
>
> Bei der Auswahl der Übungen ist es daher sinnvoll, sich die Bereiche zuerst herauszupicken, die die noch vorhandenen Schwachstellen des Hundes abdecken.

In der folgenden Tabelle sind einige Beispiele mit der schwerpunktmäßigen Unterscheidung gemäß ihres hauptsächlichen „Angriffsziels" im Sinne der Auslastung aufgeführt. Im Kern decken aber fast alle Übungen zu unterschiedlichen Anteilen beide Bereiche ab.

Kopfübungen	Körperübungen
Denksportaufgaben, vermittelt über verschiedene Trainingsansätze, etwa: • Selbstkontrolle-Übungen • Freies Formen (Clicker)	**Ausdauerübungen** z.B. Training auf dem Unterwasserlaufband, Schwimmen, Begleitung beim Joggen o.ä.
Konzentrationsübungen (z.B. Blickkontakt)	**Koordinationsübungen** z.B. körperliche Geschicklichkeit, „Geräteturnen"
Anti-Problem-Übungen z.B. Übungen zur Gegenkonditionierung bestimmter Emotionen	**Dehnübungen, Kraftübungen** physiotherapeutischer Trainingsansatz

Bindung und Führung

Trainingsgrundregel 4:
Der Hund muss der Überzeugung sein: „Mein Mensch ist der Beste!"

Im Grunde zielt das Rückruftraining darauf ab, eine möglichst gute Kontrolle über den Hund – auch oder gerade in der Distanz – zu erhalten bzw. zu erlangen. Man kann dies auf vielen Wegen erreichen, jedoch ist

Trainingsplanung

es eine unstrittige Tatsache, dass es umso leichter und auch schneller (da fehlerfreier) gelingt, je weniger sich die beiden Parteien, Hund und Mensch, bei der Alltagsgestaltung als Gegner betrachten.

Menschen können eine Anzahl von Eigenschaften aufweisen, die für Hunde besonders attraktiv sind, da durch sie ihre ganz persönlichen Bedürfnisse erfüllt werden. Je mehr dieser Eigenschaften ein Mensch hat oder sich aneignet, desto eher erkennt ihn sein Hund als echten Teampartner an. Gehen wir aber noch einen Schritt weiter, denn einige dieser Eigenschaften kennzeichnen nicht nur einen attraktiven Teampartner, sondern auch einen Gruppenleiter, an dem sich der Hund gerne und freiwillig orientiert.

> Durch die freiwillige Orientierung an einem, mit besonderen Fähigkeiten ausgestatteten, Gruppenleiter springt für den Hund etwas Entscheidendes heraus: Er erlebt persönlichen Erfolg und zieht daraus einen hohen Nutzen. Die Vorteilsnahme ist in diesem Punkt aber durchaus gegenseitig: Der Mensch wiederum erlebt seinen Hund als ausgesprochen kooperativ und „leichtführig".

Die Liste an Eigenschaften, die Hunde am Menschen besonders schätzen, ist kurz und prägnant. Sie spiegelt gleichzeitig auch ganz allgemeine Führungsqualitäten wider. Sie besteht aus nur drei Begriffen: Souveränität, Leistungsanerkennung, Konsequenz.

Diese drei Begriffe beinhalten jedoch noch eine gewisse Anzahl von Aspekten, die es bei einer stillen Eigenbetrachtung einmal näher zu beleuchten – und im Trainingsverlauf gegebenenfalls für sich persönlich auch auszubauen oder umzulernen - gilt.

Souveränität

Die Souveränität bezieht sich auf die Selbstbestimmtheit. Dies drückt sich in der Ausstrahlung des Menschen aus: Er hat einen festen Plan, den er in freundlicher, aber durchaus bestimmter Art umsetzt. Souveränität ist für den Menschen auch an ein gewisses Maß an Wissen gebunden (Ausgestaltung des Planes). Souveränes Handeln ist getragen durch Weitsicht, Verlässlichkeit, Ehrlichkeit und eine selbstsichere Körperhaltung. In Konfliktsituationen lässt sich ein souveräner Mensch nicht so schnell aus der Fassung bringen. Ein Mangel an Souveränität drückt sich in allgemeiner Stressanfälligkeit, Hektik, Affektivität oder Jähzorn aus.

Leistungsanerkennung

Auch hier spielen die Punkte Verlässlichkeit und Ehrlichkeit eine große Rolle. Aber auch die Weitsicht bzw. die richtige Einschätzung dessen, wie der Hund die Situation wahrnimmt, sind entscheidend. Gute Kenntnisse der Lerntheorie helfen, Fehler und Fehleinschätzungen von vornherein zu vermeiden oder umgehend abzustellen.

Konsequenz

Eine konsequente Haltung des Besitzers macht diesen für den Hund leicht einschätzbar. Mangel an Konsequenz erleben Hunde im Alltag häufig. Mal dürfen sie etwas, mal dürfen sie es nicht. Einmal wird auf eine akkurate Ausführung einer Übung geachtet, ein anderes Mal nicht oder dann und wann wird ein Kommando nur so in den Raum geworfen, jedoch nicht einmal auf die Umsetzung der Übung geachtet. Wieder ein anderes Mal ärgert sich der Mensch schon, wenn der Hund quasi nicht bereits vor dem Signal die richtige Handlung startet. Und so weiter und so fort. Wenn man bedenkt, dass ein großer Anteil sozialen Stresses von Hunden auf das Konto wechselhafter Laune „seines" Menschen zurückzuführen ist, wird klar, wie wertvoll im Umkehrschluss konsequentes Handeln für das Wohlbefinden des Hundes ist.

> Die „Macht" der Souveränität, Leistungsanerkennung und Konsequenz ist jeweils in dem in ihr beinhalteten Gefühl von Sicherheit gebunden. Sicherheit (in allen Facetten des Wortinhaltes!) ist somit ein ganz wesentlicher Bestandteil der „Rückruf-Zauberformel".

Sie sehen schon, Ihre Ausstrahlung und Ihr Verhalten sind wesentliche Steuerungsgrößen im erfolgreichen Rückruftraining. Tatsächlich ist es so, dass Sie und Ihr Hund im gleichen Team spielen! Leider wird das allzu oft übersehen. Sie und Ihr Hund sind in diesem Team zwar gleichberechtigte Partner, haben jedoch aufgrund unterschiedlicher Talente und Spezialisierungen dennoch ganz verschiedene Aufgabenbereiche. Die Rolle der Gruppenleitung fällt hierbei Ihnen zu!

Aktive Vorarbeit zur Schaffung einer idealen Trainingsbasis

Für Hunde und Menschen gibt es einige Übungen, die als Basis für die zielgerichtete Umsetzung des Rückruftrainings extrem hilfreich sind. Im Folgenden finden Sie die Übungen – jeweils für den Menschen und den Hund – zusammengestellt.

Der Mensch im Fokus

Jetzt geht es ans Eingemachte, nämlich um Ihre Ausstrahlung! Die nun folgenden Übungen sind an den Menschen gerichtet, schließlich sind auch auf dieser Seite des Teams stets weitere Verbesserungen möglich.

> Fast alle erfolgreichen Menschen, sei es im Sport oder auf der Bühne, lassen sich von Experten zur Schulung und dem Ausbau ihrer individuellen Konzentration und Ausstrahlung beraten. Natürlich ist dies auch in der Hundearbeit möglich. Wer über die hier aufgeführten Basisübungen in diesen Punkten an sich selbst arbeiten möchte, sollte sich an einen erfahrenen Coach oder Mentaltrainer wenden.

Bedenken Sie: Ein Gruppenleiter hat einen anspruchsvollen Job. Verschiedene Details sind von besonderem Interesse, um in den Augen eines Hundes zum Gruppenleiter geadelt zu werden.

Planung ist die halbe Miete

Planvolles Handeln wirkt sich auf Ihre Ausstrahlung aus. Legen Sie sich also vor dem Spaziergang einen Plan zurecht. Übrigens schadet es keinesfalls, gleich auch noch einen Plan B in der Tasche zu haben, falls Unvorhergesehenes eintritt.

Übung: Strategisches Handeln

Schmieden Sie einen Spaziergangsplan und beachten Sie hierbei speziell die folgenden Punkte:
Wo soll es lang gehen?
Wie werden Sie reagieren, wenn Sie auf andere Hunde treffen?
Wie werden Sie reagieren, wenn Sie auf fremde Menschen treffen?
Wie werden Sie reagieren, wenn Sie auf Jagdablenkungen stoßen?
Wie werden Sie in der Situation (Eigenart Ihres Hundes: ____) reagieren?
Welche Übungen werden Sie mit Ihrem Hund umsetzen?
Was ist das genaue Trainingsziel der jeweiligen Übung?
Welche Methode wählen Sie für die jeweilige Übung?
Wie werden Sie Ihren Hund in der jeweiligen Übung heute belohnen?

Magnetische Anziehung

Sich vom Hund zu entfernen hat so etwas wie „magische Kraft". Wie über einen Magneten gesteuert, haben die meisten Hunde plötzlich das Bestreben dem Tierhalter zu folgen, denn ihre Neugierde ist erwacht. Dies gilt in den meisten Fällen auch für einen eher unsicheren Hund, wenn er fühlt sich nicht bedroht.

Übung: Der sichere Snack (Mensch)

Diese Übung gibt es in zwei Varianten. Einmal mit dem Fokus auf den Hund (vgl. S. 96) und an dieser Stelle mit dem Fokus auf den Menschen gerichtet. An dieser Stelle geht es nur um Ihre Ausstrahlung! Inhaltlich erscheint die Übung simpel, denn es geht nur darum, dem Hund, in einer unaufdringlichen Art, ein Leckerchen zuzustecken, wenn er ihnen folgt. Versuchen Sie diese Übung in einer lockeren und aufrechten Körperhaltung umzusetzen. Legen Sie an dieser Stelle jedoch bitte keinen Ehrgeiz hinein, dass diese Übung „gelingen muss". Selbst wenn Ihr Hund (noch) nicht so recht mitspielt, gibt es viel für Sie zu lernen! Bedenken Sie: Das Ziel ist hier IHR Verhalten zu schulen, nicht das des Hundes! Üben Sie IHRE Bewegungen. Lassen Sie sich von einer Vertrauensperson beobachten oder setzen Sie die Übung, falls möglich, unter Videokontrolle um. So können Sie besonders leicht erkennen, dass Sie Ihrem Hund (auch ungewollt) über Ihre Körpersprache viele Informationen vermitteln. Unter anderem auch die Information, wie sehr Sie von Ihrer „Anziehungskraft" überzeugt sind.

Übung: Den Weg vorgeben

In dieser Übung, die auf den Seiten 130 und 142 bei den Trainingsübungen mit dem Hund genauer beschrieben ist, kommt es wieder auf Ihre Ausstrahlung an. Achten Sie bei der Umsetzung dieser Übung auf einen möglichst aufrechten Gang und einen nach vorne gerichtetem Blick. Sie suggerieren Ihrem Hund auf diese Weise, dass Sie etwas Wichtiges vorhaben. Das macht ihn neugierig.

Übung: Freiheit und Freizeit mit Jojo-Effekt

Schicken Sie Ihren Hund nach der Belohnung mit seinem Freizeitkommando (vgl. Seite 122) von sich weg. Interessanterweise hat alleine dieses Entlassen in die Freizeit selbst einen magnetischen Bindungseffekt. Kaum haben Sie ihm erlaubt, dass er sich trollen darf, will er auch schon wieder da sein. Besonders gut kann man das in den Übungen „Angucken ohne Kommando" (S. 91) oder „Den Weg vorgeben" (S. 130 und 142) gezielt üben. Das Schöne ist, Sie können ihn hier für die erneute freiwillige Kontaktaufnahme direkt wieder belohnen.

> Diese Übung ist für Trainingsanfänger und Hunde mit einer (noch) schlechten Bindung an den Menschen sehr wertvoll. Das Wegschicken wirkt selbstsicher, da es das Gegenteil von einem verkrampft wirkenden Bemühen ist, den Hund partout bei sich halten zu wollen. Fortgeschrittene Teams brauchen hier in aller Regel keine Unterstützung mehr.

Weitsicht und Management

Problemsituationen erscheinen häufig unvermittelt. Jedoch ist dies nicht richtig. Meist wurde schlicht und ergreifend übersehen, wie sich eine Problemsituation Schritt für Schritt zusammenbraut. In einem frühen Stadium eines „potentiellen" Problems hingegen, kann dieses meist durch einfache Maßnahmen (z.B. Management oder Übungen) entschärft werden.

Übung: Die Sinne schulen

Gehen Sie mit wachen Sinnen mit Ihrem Hund spazieren, um bereits im Vorfeld schwierige Situationen oder Wohlbenehmen zu erkennen. Notieren Sie sich, wie gut Sie im Vorfeld einschätzen können, wie sich eine Situation entwickelt. Schulen Sie sich darin, das Ausdrucksverhalten Ihres Hundes zu lesen, denn sie verraten uns treuherzig alles, was sie fühlen und (zu Handlungen) bewegt.

Übung: Die Spendierhosen anhaben

Geizen Sie nicht mit Anerkennung und Belohnung für die geleistete Arbeit ihres Hundes. Setzen Sie Belohnungen ein, die der Leistung angemessen sind.

Achten Sie hierbei ruhig strikt auf eine Staffelung gemäß der Leistung: Um beste Leistung bestmöglich entlohnen zu können, dürfen für mittelmäßige Leistungen nicht bereits alle Qualitätshäppchen verschleudert worden sein. Wenn auch versteckt, geht es in dieser Übung eigentlich wieder um Ihre Ausstrahlung. Ihre Freundlichkeit und Konsequenz wird durch Ihre leistungsgerechte Belohnung des Hundes unterstrichen. Hunde haben ein gutes Gespür für ihre eigene Lesitung. Vermitteln Sie Ihrem Hund, dass Sie für (s)eine üppige Bezahlung auch (seine) beste Arbeitsleistung erwarten.

Der Hund im Fokus

Basisübungen sind aber nicht nur etwas für den Menschen. Jetzt ist Ihr Hund an der Reihe!

Blickkontakt

Im Kontakt mit seinem Menschen zu stehen, signalisiert der Hund u.a. dadurch, dass er seinen Blick auf seinen Menschen richtet. Diese Eigenschaft gilt es zu stärken, denn einen Hund, der bereits Blickkontakt zu seinem Menschen aufgenommen hat, erfolgreich abzurufen ist ungleich leichter, als einen, der auch mental gerade noch mit anderen Dingen beschäftigt ist. Die folgende Übung stellt somit eine unerlässliche Basisübung für das Rückruftraining dar.

Übung: Angucken ohne Kommando

Die Zielstellung ist, anfänglich möglichst **jeden** Blickkontakt mit einem (kleinen) Futterstückchen zu belohnen. Es muss sich hierbei nicht um ein Qualitätsleckerchen handeln, jedoch sollte der Hund sich (s)einer Belohnung sicher sein können. Ein besonders gutes Timing ist in den Übungen mit dem Clicker zu erzielen, um den (anfangs vielleicht nur ganz kurzen) Blickkontakt einzufangen. Ideal ist es, wenn der Primärverstärker (das Leckerchen, das dem Click folgt) dem Hund dicht beim Menschen gegeben wird, da auf diese Weise in einem Abwasch auch gleich noch die Nähe zum Menschen (das Kernziel des Rückrufs) mit gestärkt wird.

Info-Link: www.rueckruf-fibel.de

> Diese Übung zielt auf das spontane und absolut freiwillige Handeln des Hundes ab. Daher wird sie ohne Kommando oder irgendeine andere Form der Hilfestellung umgesetzt.

Trainingsaufbau: Für einen Trainingsanfänger gilt: Halten Sie den Hund an einer maximal ein Meter langen Leine, bleiben Sie stehen und warten Sie, bis er Blickkontakt zu Ihnen aufnimmt. Manipulieren Sie hierbei nicht an der Leine, sprechen Sie Ihren Hund nicht an und locken Sie ihn nicht. Ihre Geduld zahlt sich aus. Belohnen Sie ihn genau im Moment des Blickkontaktes, auch wenn Sie vielleicht ein wenig auf diesen warten mussten. (Oder clicken Sie genau in diesem Moment und belohnen Sie ihn unmittelbar danach.) Wiederholen Sie diese Übung mindestens fünf Mal auf dem Spaziergang in zunächst ablenkungsarmer Umgebung.

Trainingsgestaltung für einen fortgeschrittenen Hund: Wiederholen Sie die Übung nun in zunehmend ablenkungsreicheren Umgebungen und, wenn im Sinne der Fehlerquellen (vor allem Fehlerquelle 3) nichts dagegen spricht, auch mit dem freilaufenden Hund.

Trainingsfeinschliff für den Hund, der im Begriff ist ein Meisterschüler zu werden: Setzen Sie die Übung nun mit dem freilaufenden Hund auch in größeren Distanzen und in der Bewegung um. Spätestens jetzt werden Sie den Clicker als Hilfsmittel zu schätzen lernen ...

Sicherheit

Wie wichtig das Gefühl von Sicherheit ist, wurde schon ein paar Mal angesprochen. Bedenken Sie, dass das wichtigste Ziel auf dem kompletten Lernweg dieser Übung ist, dass Ihr Hund in Ihrer Nähe wirklich immer das Gefühl von Sicherheit und Wohlbefinden erfährt bzw. diese Gefühle (auch während der Belohnung) niemals einbüßt.

Übung: Der sichere Snack (Hund)

Hier geht es nun um den Hund und zwar um seine Gefühle! Im Grunde muss der Hund in dieser Übung nichts weiter tun, als sich ein kleines, aber besonders schmackhaftes, Leckerchen beim Menschen abzuholen. Entscheidend ist, dass er sich in der Nähe des Menschen und beim Erhalt des Futterstückchens wohl und „sicher" fühlt. Bedenken Sie, dass es um eine freiwillige Annäherung von Seiten des Hundes an den Menschen geht - nicht umgekehrt! Halten Sie sich also mit eigenen Bewegungen in Richtung des Hundes zurück.

In dieser Übung können verschiedene Varianten durchgespielt und auch verschiedene Schwierigkeitsgrade berücksichtigt werden.

> HINWEIS In der Übung kann auch auf das Verhalten und die Ausstrahlung des Menschen fokussiert werden. Die Übungen werden daher unter dem gleichen Titel geführt (siehe Seite 91).

Details des Übungsaufbaus: Die Übung kann „blanko" durchgeführt oder mit dem Rückrufwort eingeleitet werden (vgl. Übungen für Trainingsanfänger S. 130ff). Letzteres gilt analog zum Aufbau eines Leistungssignals, auch wenn sich der Hund schon von Anfang an in der Nähe des Menschen aufgehalten hat, er also gar nicht herangelaufen kam.

Im Training gilt es, auf das Naturell des Hundes zu achten. Bei einem ängstlichen Hund können einige Details gewinnbringend sein, die man bei einem forschen Kandidaten möglicherweise als Trainingsumweg betrachten würde. In den im Folgenden aufgeführten Lernschritten sind diese Übungsvarianten mit *ANGST* gekennzeichnet.

ANGST Der Hund frisst ein Leckerchen in unmittelbarer Nähe zum Menschen vom Boden aus. Er wird hierbei nicht angefasst und nicht angeguckt.

ANGST Der Hund frisst ein Leckerchen vom Boden aus. Das Leckerchen liegt zwischen den Füßen des Menschen. Der Hund wird nicht angefasst und nicht angeguckt.

ANGST Dem Hund wird das Leckerchen aus der Hand gegeben. Der Hund wird nicht angefasst und nicht angeguckt.

ANGST Der Hund wird mit Hilfe eines Leckerchens in eine besonders nahe Position zum Menschen gelockt. Er erhält es, ohne dass er in dieser Position vom Menschen intensiv angeguckt oder gar zusätzlich berührt wird. **Info-Link: www.rueckruf-fibel.de**

→ Wenn diese Übungen zuverlässig (= mindestens neun von zehn Mal) mit einem entspannten Ausdrucksverhalten gelingen, ist der Hund reif für eine Steigerung auf „normales" Niveau.

- Dem Hund wird dicht am Körper des Menschen ein Leckerchen aus der Hand gegeben. Er wird hierbei nicht angefasst.

- Dem Hund wird das Leckerchen aus der Hand gegeben, während er mit der anderen Hand kurz am Kinn berührt wird.
- Dem Hund wird das Leckerchen aus der Hand gegeben, während mit der anderen Hand ans Halsband gegriffen wird.
- Der Hund erhält ein Leckerchen, während mit der anderen Hand unter seinem Kinn an sein Halsband gegriffen und dieses drei Sekunden lang festgehalten wird.
- Der Hund wird in einem sanften, aber zielstrebigen Griff unter seinem Kinn am Halsband festgehalten und bekommt direkt danach ein Leckerchen gereicht. Optional kann auch die Leine befestigt werden.

Der Mensch sollte sich in diesen Übungen so „normal", d.h. so alltagstauglich, wie möglich präsentieren. Hierzu zählt unter Umständen auch, sich über den Hund zu bücken etc..

Wichtig ist jedoch, das Augenmerk bei diesen Abläufen stets auf das Ausdrucksverhalten des Hundes zu richten. Ist Meideverhalten zu erkennen, gilt es, dem Hund durch eine Veränderung des eigenen Verhaltens entgegenzukommen.

> **TIPP** Für ängstliche Hunde empfiehlt es sich, diese Übung noch weiter auszubauen bzw. ein komplettes Training zur emotionalen Gegenkonditionierung in Bezug auf körperliche Berührungen umzusetzen. **Info-Link: www.rueckruf-fibel.de**

Bindung

Als Rudeltier bringt ein Hund im Grunde die idealen Voraussetzungen für eine enge Bindung mit. Dennoch werden, wenn sich der Hund auf dem Spaziergang nicht an seinem Menschen orientiert, vielfach Bindungsmängel beklagt. Die folgenden Übungen zielen darauf ab, dem Hund zu vermitteln, dass er für des Erhalt des Kontakts selbst Sorge tragen muss.

Übung: Richtungswechsel

Zur Schulung der Aufmerksamkeit des Hundes können auf dem Spaziergang immer wieder einmal Richtungswechsel eingestreut werden. Sobald sich der Hund am Menschen orientiert und ihm folgt, kann er belohnt werden. Auch hier kann der Clicker gute Dienste leisten. Günstig ist es das „Click" so zu platzieren, dass genau der Moment der Umorientierung zum Menschen markiert wird.

> HINWEIS Wenn die Übung mit einem Trainingsanfänger noch an der Leine umgesetzt wird, sollte darauf geachtet werden, dass es beim Richtungswechsel nicht zu einer Manipulation (d.h. einem Rucken an der Leine) kommt. Die Leine wird auch beim Richtungswechsel locker gehalten. Der Richtungswechsel erfolgt grundsätzlich ohne irgendeine Form der Härte, aber mit der Ausstrahlung einer festen Absicht.
> Siehe „Magnetische Anziehung" und **Info-Link.**

Die Übergabe des Leckerchens sollte, genau wie auch in der Angucken-Übung ohne Kommando, nach dem Click nah beim Menschen erfolgen (z.B. aus der Hand des Besitzers - vgl. Seiten 91; 94 und 96).

Übung: Rückruf ohne Rufen
In dieser Übung wird die bestehende Bindung gestärkt. Sie dient somit nicht einem Bindungsaufbau. Das bedeutet, Sie müssen Ihrem Hund bereits zuvor wohl vertraut sein! Durch die Übung „Rückruf ohne Rufen" vermitteln Sie Ihrem Hund, wie angenehm es in Ihrer Nähe ist und dass er sich auf einfach Art, aber nur ganz dicht bei Ihnen einen tollen persönlichen Erfolg in Form seines Lieblingsleckerchens verdienen kann. Zum anderen strahlen Sie Souveränität, Freundlichkeit und Selbstsicherheit aus, denn Sie wissen von Anfang an, dass Sie diese Übung (gemeinsam) mit Erfolg abschließen werden.

Und so geht´s: Suchen Sie einen Ort auf, der frei von Gefahren (Verkehr) und Ablenkungen (Jagdverleitungen, fremden Personen und fremden Hunde) ist. Je größer die Fläche ist, desto besser! Lassen Sie ihren Hund nun frei laufen und entfernen Sie sich immer 180° in die entgegengesetzte Richtung von Ihrem Hund. Sobald er bemerkt, dass Sie bereits ganz woanders sind und zudem zielstrebig in die entgegengesetzte Richtung weggehen, ist sein Interesse geweckt und er wird Ihnen folgen. Oft schließen die Hunde zunächst jedoch nicht wirklich zum Besitzer auf, sondern schießen ungestüm an ihnen vorbei, um sich wieder anderen Gerüchen oder kleineren Verleitungen zu widmen. Sobald der Hund in

Ihrem Blickfeld erscheint, sich Ihnen aber nicht wirklich angenähert hat, drehen Sie sich wieder in 180° Richtung von ihm ab und marschieren nun in die neue Richtung los. Dieses Spielchen treiben Sie so lange, bis der Hund nach und nach immer weniger weit voranläuft und sich Ihnen schließlich zuwendet und annähert. Nun zaubern Sie seine absolute Traumbelohnung hervor und stecken ihm diese zu. Entlassen Sie ihn dann mit seinem Freizeitkommando wieder in die Freiheit und starten Sie so die Übung noch einmal neu. Sie werden sehen, dass es diesmal weniger lange dauert, bis der Hund von sich aus den Kontakt zu Ihnen sucht. Sollte er sich gar nicht mehr von Ihnen entfernen, belohnen sie ihn bitte direkt noch einmal und schließen eine beliebige andere Übung an.

Übung: Verstecken
Unaufmerksamkeit von Seiten des Hundes kann durch ein gelegentliches Verstecken wirksam begegnet werden. Die Übung muss jedoch zum Charakter des Hundes passen. Das Ziel ist, dem Hund zu vermitteln, dass es Spaß macht, den Menschen im Blick zu behalten, da er sich in dessen Nähe Belohnungen einheimsen kann. Einen kleinen Schrecken darf er schon bekommen, wenn er den Kontaktverlust realisiert. Kontraproduktiv hingegen wäre, ihn durch das Verstecken in Panik zu versetzen. Behalten Sie Ihren Hund, wenn Sie sich verstecken daher immer im Blick und geben Sie ihm, bevor wirklich Panik aufkommt, notfalls eine kleine Hilfestellung. Belohnen Sie ihn mit einem durchschnittlichen Leckerchen, wenn er sie schließlich gefunden hat und nah zu Ihnen herankommt.

> In Momenten der Panik laufen Hunde mitunter kopflos in die Richtung los, in der sie den Besitzer vermuten. Sie handeln jedoch nicht planvoll (was zu einer hohen Fehlerquelle führt). Sie setzen weder ihre Nase zur Suche ein, noch stehen die anderen Sinnesorgane wirklich auf Empfang. Mitunter überhören sie daher auch das zur Hilfestellung eingesetzte Rufen des Besitzers. Hieraus können Gefahrenmomente entstehen! (Lesen Sie hierzu auch „Problem Angst", Seite 165.)

> HINWEIS Hunde, die zu Aufmerksamkeit heischendem Verhalten tendieren, entwickeln schnell Handlungsketten (siehe auch S. 175), die sie mit Erfolg verbinden. Auch ein Versteckspiel kann ihnen Spaß bereiten ...)

Das planerische Feintuning

Alle Rückrufübungen haben ein gemeinsames aber zunächst nur vage definiertes Ziel: „Der Hund soll zum Menschen zurückkommen". Tatsächlich kann der Rückruf jedoch ganz unterschiedliche Details beinhalten. Im Übungskatalog (S. 127ff) finden Sie eine große Bandbreite unterschiedlicher Übungen, jeweils nach dem Trainingsstand gestaffelt.

Im Alltag hat es sich sehr bewährt, den Bereich „Rückruf" auf mehrere Standbeine zu verteilen, da unterschiedliche Situationen auch individuelles Handeln erfordern. Wählen Sie aus diesem Gesamtkatalog die für Ihren Hund passenden Übungen aus.

Bedenken Sie: Immer wenn das Endziel der Übung einen speziellen Charakter hat, handelt es sich um eine eigenständige Übung. Sie muss daher auch mit einem eigenen Kommando belegt werden, damit der Hund sie von den anderen Übungen unterscheiden kann. Für jede Rückrufübung, die ein **eigenes Signal** (vgl. S. 108f) hat, besteht ein **individueller Trainingsplan**. Der im Übungskatalog beschriebene Aufbau soll Ihnen als Anregung dienen. Es kann sein, dass Sie ihn an die von Ihnen aufgestellte detailgenaue und individuelle **Zieldefinition** (vgl. S. 104) anpassen müssen.

Wählen Sie von Anfang an ein Signal als **Leistungssignal** aus (siehe Seite 106). Mein persönlicher Tipp wäre ein Rückruf-Pfiff mit einer frequenzcodierten ACME Pfeife. Widmen Sie dem Leistungssignal stets besondere Aufmerksamkeit.

> **TIPP** Achten Sie auch bei der Wahl und im Einsatz eines Sprach- oder Tonsignals auf dessen Einzigartigkeit. Benutzen Sie es von Anfang an in der Art und Lautstärke, die Sie später im Alltag einsetzen werden, damit Ihr Hund nicht anhand des Signals Trainings- und Alltagssituationen voneinander unterscheiden kann.

Wenn die bisherige Rückrufleistung Ihres Hundes durch eine **mangelhafte Zuverlässigkeit** gekennzeichnet ist, sind Sie vermutlich auf einen Wegelagerer in Form eines der vielen kleinen Fehlerteufel hineingefallen, die den Weg säumen (vgl. Fehleranalyse, speziell S. 56-62).

Verabschieden Sie sich in diesem Fall von allen eventuell bereits verpfuschten Signalen für den Rückruf. Ein nachträgliches „Wieder-Hinbiegen" ist unter hohem Leistungsanspruch nicht möglich, denn Ihr Hund hat bereits eine fehlerhafte Information (oder auch persönlichen Erfolg mit einem dem Rückruf gegebenenfalls nicht einmal ähnlichen Verhalten) verknüpft.

HINWEIS Ein bereits „verpfuschtes" Signal kann niemals nachträglich ein Leistungssignal werden!

Die Zieldefinition

Bei der Zieldefinition geht es um die typischen W-Fragen. Was soll der Hund wann, wie, wo und warum tun? Ausschlaggebende, aber dennoch oftmals übersehene Details des Rückrufs bestehen unter anderem in der genauen Definition der Endhandlung (auch in Bezug auf die Nähe und die Position) sowie die Auflösung der Übung. Des Weiteren spielt es eine Rolle, für wen die Übungen konzipiert sind. Dies bezieht sich sowohl auf den Menschen als auch auf den Hund.

Beachten Sie die individuellen Details. Denn Hund ist nicht gleich Hund. Dies macht sich auch im Rückruf bemerkbar. Je nach Naturell und Vorgeschichte kommen für den einen Hund daher eher diese und für einen anderen Hund eher jene Übungen in Frage. Je genauer die Einschätzung des Hundes erfolgt, desto spezifischer kann der Trainingsplan auf den Hund zugeschnitten werden.

> Die Zieldefinition ist eine individuelle Angelegenheit. Es gibt hierbei kein Richtig oder Falsch. Definieren Sie zunächst bitte, ohne jede gedankliche Einschränkung, alle Elemente, die Ihrer absoluten Rückrufwunschvorstellung entsprechen! Bei der Auswahl der Übungen können so gegebenenfalls noch vorhandene Stolpersteine sichtbar gemacht werden.

Trainingssicherheit wahren

Hunde, die in Bezug auf den Rückruf bereits eine „Problemvorgeschichte" haben, (etwa viele Monate oder gar Jahre ohne zielgerichteten Trainingsinput, Hunde mit einer großen Jagdleidenschaft oder starker Scheu dem Menschen gegenüber sowie anderen Ängsten) benötigen besondere Strategien im Rückruftraining. Sie können nicht einfach so abgeleint werden, da dies mitunter ein unkalkulierbares Risiko darstellt. Die meisten Übungen des Trainingskatalogs können jedoch auch mit dem angeleinten Hund trainiert werden. Einzig die Distanz des Rückrufs ist dann in den einzelnen Übungssituationen eingeschränkt (wenn überhaupt schon an der Distanz gearbeitet wird). Diese Einschränkung steht übrigens einem Erfolg nicht im Weg, schließlich ist das wichtigste Trainingsziel, das Gefühl von Sicherheit und Freude in der Nähe des Menschen aufzubauen und mit einem Signal zu verknüpfen! Das Pferd wird zu Gunsten der Sicherheit also einfach von hinten aufgezäumt.

> HINWEIS Einschränkungen für den Freilauf bestehen auch für Hunde, die sich in bestimmten Situationen Menschen oder Artgenossen gegenüber aggressiv zeigen. Für diese Hunde ist gegebenenfalls die Sicherung durch eine Maulkorb erforderlich. Info-Link: www.rueckruf-fibel.de

Das Leistungssignal

Wie Sie vielleicht bereits gesehen haben, ist es vergleichsweise leicht, dem Hund beizubringen, auf Zuruf nicht zu kommen (vgl. Fehleranalyse). Schnell können einem im Alltag diverse Fehler unterlaufen, die den Hund in eine falsche Richtung bringen. Dieses Problem bleibt immer ein Stolperstein, der nicht aufgelöst, aber wirksam umgangen werden kann: Wählen Sie ein Signal aus, das Sie als Leistungssignal definieren. Ziel ist, dieses Signal unter keinen Umständen durch Unachtsamkeit zu verpfuschen! Es wird daher im Alltag anfangs (und zwar für eine längere Zeit) gar nicht eingesetzt. Es ist zunächst ein reines Trainingssignal, an dem nur gearbeitet wird, wenn Sie alle Zügel wirklich fest in der Hand halten: Der Übungsaufbau ist gut durchdacht, und Sie selbst sind voll auf Ihr Handeln konzentriert. Beim Leistungssignal ist das Ziel, auf eine fehlerfreie Wiederholungsrate von ca. 7000 Wiederholungen zu kommen, bevor es geadelt und zum Alltagssignal ausgerufen werden kann. Nach diesem „Aufstieg" haben Sie ein ganz neues Bestleistung- auslösendes Signal hinzugewonnen.

Zur Übersicht hier ein kleines Rechenbeispiel:
Sie und ein anderes Familienmitglied üben das Leistungssignal jeweils dreimal täglich in Trainingsblöcken von jeweils 15 Wiederholungen. Das ergibt 2 x 3 x 15 = 90.

90 x 7 (Tage pro Woche) = 630   630 x 4 (Wochen pro Monat) = 2520. Nach rund drei Monaten haben Sie in diesem Fall Ihr Ziel erreicht. Wenn Sie keine Unterstützung in der Familie haben, dauert es entsprechend doppelt so lange.

Die Erfahrung zeigt, dass es im Alltag jedoch meist auch kleinere Nachlässigkeiten gibt, die die Trainingszeit ebenfalls verlängern. Dies ist jedoch eigentlich nicht der springende Punkt, denn es hat in Bezug auf die spätere Leistung keine negativen Auswirkungen, solange man insgesamt am Ball bleibt und nicht gleichzeitig Fehler „einstudiert" werden. Der wirklich entscheidende Faktor ist somit, das Leistungssignal fehlerfrei aufzubauen und mit dem höchstmöglich positiven, emotionalen Bezug zu verknüpfen. Hierzu ist der Einsatz der allerbegehrtesten Belohnung erforderlich (vgl. Seite 130).

Trainingsplanung

> Auch wenn eine Trainingszeit von drei, sechs oder neun Monaten zunächst (vielleicht) lang erscheint, ist es die Mühe doppelt und dreifach wert. Einen Hund zu haben, der sich zuverlässig abrufen lässt, ist langfristig einfach unbezahlbar!

Die Wahl des Rückrufsignals

Für den privaten Einsatz gibt es in Bezug auf die Art des Rückrufsignals keinerlei bindende Vorgaben. Der Trainingserfolg steht und fällt jedoch tatsächlich mit der jeweiligen Signalwahl.

Folgende Punkte sollten vor dem Trainingsstart durchdacht werden:

- Sind die einzelnen Leistungsdetails dieser Übung genau definiert?

- Handelt es sich um das Leistungssignal (vgl. S. 130)?

- Ist zu gewährleisten, dass das Signal auch unter einer maximalen Stressbelastung dem Trainingssignal zu hundert Prozent entspricht?

- Geht einem das Signal gut über die Lippen?

- Ist es in jeder Situation umsetz- und anwendbar (hat man es stets dabei)?

- Ist es unveränderlich und durch seine Einzigartigkeit unverkennbar?

- Sticht das Signal auch in Ablenkungssituationen hervor?

- Ist es auch für den Einsatz auf eine große Distanz geeignet?

- Wird über das Signal auch die Emotion des Rufenden übertragen (Ärger, Angst, Freude)?

- Kann es problemlos auf andere Personen übertragen werden?

Wenn diese Punkte genau beleuchtet wurden, kann man aus dem großen Pool möglicher Sprachsignale, Tonsignale oder Sichtzeichen das entsprechende Signal auswählen.

> Die Wahl der Signalwörter unterliegt grundsätzlich keinen festen Regeln. Einzige Ausnahme: Das Signalwort HIER ist im Hundesport üblicherweise so definiert, dass der Hund in gerader Linie frontal auf den Menschen zuläuft und die Übung mit einem möglichst geraden und körpernahen Vorsitzen endet (vgl. S. 135). Wenn Sie Ihren Hund nicht im Sport führen, sind Sie natürlich auch in diesem Punkt völlig ungebunden. Die in den Trainingsbeschreibungen aufgeführten Signalwörter sind zur leichteren Unterscheidung der einzelnen Übungen und als Vorschlag aufgeführt. Auf Seite 180 finden Sie eine Übersicht, der in diesem Buch aufgeführten einzelnen Signale.

Beispiel einer Signaldefinition

Sprachsignal KOMM: Der Hund soll, sobald er das Signal KOMM hört, umgehend in für ihn und den jeweiligen Untergrund entsprechend schnellstmöglicher Gangart und auf dem kürzesten Weg zu derjenigen

Die wichtigsten Vor- und Nachteile verschiedener Signale:

Sprachsignale: - mit Stimme erzeugt, oft Worte
- wenig konstant, anfällig für Veränderungen
- starke Emotionsübertragung
- immer dabei

Tonsignale - oft Pfeiftöne, grundsätzlich aber jeder Ton möglich
- Pfeiftöne mit den Lippen, Fingern, Ultraschallpfeifen: wenig konstant, anfällig für Veränderungen
- Pfeiftöne mit ACME-Vollton-Pfeifen: sehr laut und unveränderlich
- gut auf andere Personen übertragbar
- keine Emotionsübertragung
- ggf. nicht immer dabei, nicht immer zur Hand

Sichtzeichen - nur einsetzbar, wenn Hund bereits vorkonzentriert ist (Blickkontakt)
- je nach Hintergrund ggf. Einbußen der Sichtbarkeit (Kontrast)
- keine Emotionsübertragung
- immer dabei, jedoch je nach Kleidung nicht immer in exakt gleicher Art einsetzbar

Person laufen, die das Signal gegeben hat. Er soll sich dieser Person hierbei so weit annähern, dass diese das Halsband des Hundes ohne eigene Annäherung mit der Hand leicht erreichen kann. Bei einer möglichen Berührung durch die Person soll der Hund nicht ausweichen. Er soll die Nähe zu der Person solange halten, bis diese das Signal durch das Freizeitsignal oder eine andere Anweisung beendet.

Timing – der Schlüssel zum Erfolg

Beim Einsatz von Verstärkern ist der Timingbegriff schon so etwas wie ein alter Bekannter. Die meisten Hundehalter sind sich durchaus darüber im Klaren, dass das Verhalten Ihres Hundes nicht zuletzt auch von ihrem eigenen punktgenauen Handeln abhängt. Die perfekte Umsetzung, d.h. die Einhaltung eines idealen Timings, fällt jedoch nicht immer leicht. Die Ursachen sind mannigfaltig und sollten genau beleuchtet werden, falls Schwächen im Rückruf auf diesen Punkt zurückzuführen sind (vgl. Fehlerquellen ab Seite 26).

HINWEIS Durch den Einsatz eines Sekundärverstärkers (vgl. Clicker S. 73) können einige Timinghürden elegant überwunden werden. Info-Link: www.rueckruf-fibel.de

Das Timing ist jedoch nicht nur beim Verstärkereinsatz von allergrößter Wichtigkeit. Auch der Moment, in dem das Rückrufsignal eingesetzt wird, sollte passen! Um den Augenblick abzupassen, an dem der Hund den Rückruf unter der größtmöglichen Wahrscheinlichkeit umsetzen wird, ist eine genaue Beobachtung des Tieres erforderlich.

Hier einige Anhaltspunkte unter der Voraussetzung, dass dem Hund die Bedeutung des Signals bereits vermittelt wurde, er also grundsätzlich weiß, was zu tun ist:

- Am einfachsten ist die Umsetzung des Rückrufs, wenn der Hund bereits Blickkontakt zum Tierhalter aufgenommen hat. In diesem Fall können problemlos mehrere Sinneskanäle (speziell der Seh- und Hörsinn) des Hundes angesprochen werden. Neben dem Signal selbst können bei Bedarf auch Motivationshilfen (z.B. Bewegungen, S. 116) eingesetzt werden.

- Ebenfalls aussichtsreich ist der Rückruf, wenn der Hund gerade nichts Wichtiges zu tun hat. Er steht vielleicht irgendwo herum, schnüffelt ohne großes Interesse an einer Stelle oder läuft ohne ein festes Ziel anzupeilen im Schritt oder langsamen Trab umher (vgl. Seite 119).

Deutlich schwieriger wird es, wenn Ablenkungen auf den Hund einwirken. Diese stehen in Konkurrenz zu seinem braven Gehorsam. Hunde entscheiden erfolgsorientiert. Hier spielen wieder ihre Gefühle eine große Rolle.

Für eine reibungslose Umsetzung des Rückrufs gilt folgendes: Ideal ist es, den Weitblick zu behalten und den Hund in einer schwierigen Ablenkungssituation zu rufen, bevor er dieser Ablenkung überhaupt gewahr wird. Bei einem bereits fortgeschrittenen Team kann auch ein Rufen genau in dem Moment, in dem der Hund die Ablenkung bemerkt noch gelingen, jedoch ist es gegebenenfalls schon eine (kleine) Wackelpartie. Die Chancen schwinden zunehmend, je länger bzw. intensiver sich der Hund dieser Ablenkung gedanklich bereits widmet.

Ist der ideale Moment bereits verpasst, sollte vom Einsatz des Rückrufsignals abgesehen werden, um das Risiko eines Fehlerlernens möglichst klein zu halten. In einigen Fällen reicht es, den Hund weiter gut zu beobachten und das Rückrufsignal punktgenau dann zu verwenden, wenn die Faszination der Ablenkung nachlässt. In anderen Fällen ist die Verleitung so stark, dass es zu bevorzugen ist, den Hund abzuholen (vgl. S. 117). Für welchen Weg man sich entscheidet, ist von der jeweiligen Situation abhängig. Bei der Entscheidung spielt natürlich nicht nur der Trainingsaspekt, sondern auch eine mögliche Gefahrenlage für den Hund und das Wohlergehen unbeteiligter Dritter eine wichtige Rolle.

Aufmerksamkeit und Motivation

Wenn das Training mit dem Hund nicht so verläuft, wie der Mensch es sich erhofft hatte, kommt es häufig zu der Aussage: „Mein Hund kann sich einfach nicht konzentrieren" oder: „Er ist überhaupt nicht zu motivieren." Bei einem gesunden Hund jedoch ist beides praktisch gar nicht möglich. Die Hunde sind tatsächlich hoch konzentriert und auch motiviert, jedoch hat

Trainingsplanung

der gerichtete Fokus des Hundes möglicherweise gar nichts mit dem betroffenen Menschen und nicht einmal im Entferntesten etwas mit dessen Trainingsziel zu tun. Bei genauer Betrachtung stolpert man nun zwangsläufig wieder über die unterschiedliche Wahrnehmung der Situation von Hund und Mensch und auch über die unterschiedliche Einschätzung von Werten.

Um eine gute Trainingsbasis zu schaffen, ist es erforderlich, in hoher Motivationslage die Aufmerksamkeit des Hundes auf den Menschen und auf die Übungsinhalte zu lenken. Später gilt es auch, dies unter Ablenkung und in einer beliebigen Distanz, aufrecht halten zu können. Im übertragenen Sinn kann man sagen, dass es zur wichtigsten Aufgabe des Hundes werden soll, eigenständig darauf zu achten, seine Menschen nicht zu verlieren und keine seiner Anweisungen zu verpassen.

> Rechtlich betrachtet liegen die Dinge etwas anders. Nicht zuletzt für die bestmögliche Garantie der Schadensfreiheit von unbeteiligten Dritten ist es eine dauerhafte Verpflichtung eines jeden Hundehalters, sein Tier unter immerwährender Kontrolle zu halten. Hierzu zählt als unterste Basisbedingung auch, ihn stets im Blick zu haben. Um nichts von der souveränen Ausstrahlung einzubüßen, sollte dem Hund dies jedoch nicht zu auffällig vermittelt werden.

Eine genaue Analyse im Hinblick auf die Veranlagung und Vorgeschichte des Hundes, die Reizintensität verschiedener Ablenkungen sowie die Wertigkeit der eingesetzten Belohnungen hilft, das Training individuell so zu fokussieren, dass das angestrebte Trainingsziel auch in den Augen des Hundes einen hohen Stellenwert bekommt (vgl. S. 75 und S. 163).

Wie bereits dargelegt ist die Tatsche, ob der Rückruf gelingt, unter anderem von dessen Wert abhängig.

Der Wert kann sich auf verschiedene Aspekte beziehen:
- Lohnt es sich für den Hund zu kommen (Belohnung, Vermeidung einer Strafe)?
- Fühlt er sich in der Nähe des Menschen sicher (Geborgenheit, Sicherheit, Belohnung)?
- Besteht eine enge Bindung an den rufenden Menschen (Sicherheit, Geborgenheit)?
- Ist die Nähe zu dem rufenden Menschen für den Hund attraktiver als die ggf. gleichzeitig auf den Hund einwirkende konkurrierende Ablenkung (Kontakt mit Artgenossen, fremde Menschen, Gerüche, Wild etc.)?
- Erscheint dem Hund das Dabei-Sein als wertvoll?

Die grundsätzlich gute Nachricht ist: Der Wert des Rückrufs ist durchaus steuer- und veränderbar!

Über folgende Faktoren kann die an den Rückruf gebundene Motivation des Hundes verändert werden:

- Einsatz hochwertiger Belohnungen (aus individueller Hundesicht) beim Rückruf bzw. im Rückruftraining
- Exklusivität der (hochwertigen) Belohnung (nur beim Rückruf und Rückruftraining)
- Entzug wertvoller Dinge über mehrere aufeinanderfolgende Tage (Aufmerksamkeit, soziale Interaktion, Spiel, attraktives Futter) gefolgt von dem exklusiven Einsatz dieser Dinge im Rückruftraining
- Steigerung der Attraktivität der Annäherung durch die Ankurbelung der Neugierde des Hundes (ausstrahlungsintensives, zielorientiertes oder anderweitig interessantes Handeln des Menschen sowie Umsetzung einer Spaßaktivität oder Vergabe einer wertvollen Belohnung direkt nach der Annäherung)
- Garantie der Sicherheit und Unversehrtheit in der Nähe des rufenden Menschen (Vermeidung von Strafe und Bedrohung)

TIPP   Auffällige Bewegungen oder generell auffälliges Verhalten (springen, wegrennen, sich hinhocken oder hinlegen etc.) haben oftmals hohen Motivationscharakter. Achten Sie beim Einsatz derartiger Tricks darauf, den Hund nicht unabsichtlich zu bedrohen oder gar zu verfolgen.

Chancen richtig einschätzen

Die strikte Vermeidung von Fehlern ist, wie in Kapitel 2 bereits angedeutet, ein essentieller Aspekt eines erfolgreichen Rückruftrainings. Im Alltag können sich jedoch auch bei guter Planung speziell mit einem Trainingsanfänger immer wieder Situationen ergeben, in denen ein erfolgreicher Rückruf unwahrscheinlich ist, etwa wenn ein hohes Ablenkungsniveau herrscht. Ein sorgloser Einsatz des Rückrufsignals kann ein ganzes Stück Arbeit zunichte machen, wenn der Hund nicht wirklich kommt. Und schlimmer noch: Er hat auch für die Zukunft abgespeichert, dass Nicht-Kommen ebenfalls eine Option ist!

Was also ist zu tun, um das zu vermeiden?

Zwei Möglichkeiten bieten sich an: Das Abholen des Hundes und die Ansprache über den Namen.

Den Hund abholen

In diesem Fall wird der Hund gar nicht gerufen, sondern direkt an Ort und Stelle eingesammelt. Die Voraussetzung für ein gutes Gelingen ist, dass der Hund die Annäherung des Menschen weder als bedrohlich noch als das Ende seines persönlichen Spaßes ansieht. Andernfalls kann es sein, dass er seine „Verhaftung" als unangenehm empfindet und auf geschickte Art immer außerhalb der Reichweite des Menschen bleibt. Die Ausstrahlung des Menschen spielt also auch hier wieder einmal eine wesentliche Rolle.

Das Einsammeln kann wie im Folgenden beschrieben als eigenständige Übung trainiert werden:

Trainingsaufbau: Nähern Sie sich zielstrebig, aber ohne bedrohliche Körperspannung Ihrem Hund, während er beispielsweise an einer interessanten Stelle schnüffelt. Zeigen Sie ihm, dass Sie etwas besonders Spannendes mitgebracht haben (sein Lieblingsleckerchen oder Lieblingsspielzeug). Reizen Sie ihn damit an und locken Sie ihn mit sich mit. Lassen Sie ihm seine Belohnung zukommen, wenn er Ihnen bereitwillig bereits einige Schritte gefolgt ist. Schließen Sie an diesen Lockstart auch noch das Anleinen an, denn bei starker Ablenkung kann dies im Alltag anfangs durchaus erforderlich sein. Führen Sie Ihren Hund dann noch einige Meter weiter an der Leine. Achten Sie darauf, dass er auf diesem Weg an Ihrer Seite wirklich Spaß und Freude erlebt. Beenden Sie die Übung dann beispielsweise mit der Ableinen-Routine und dem Freizeitsignal.

Wenn Ihr Hund das Abholen aus einfachen Ablenkungssituationen heraus schon kennt, haben Sie gute Chancen, dass es Ihnen auch unter einem größeren Ablenkungsniveau gelingt. Passen Sie hierbei ihr Lockmittel stets an das Maß der Ablenkung an. Auch ein gemeinsames Rennen macht vielen Hunden große Freude. Spielen Sie verschiedene Varianten durch, um zu wissen, womit Sie Ihren Hund am schnellsten für sich begeistern können (vgl. S. 75).

Zu Übungszwecken können Sie beim Abholen auch noch eine Rückrufübung einfließen lassen. Wichtig ist, dass Ihr Hund Ihnen voller Freude folgt und seine Aufmerksamkeit auf Sie richtet. Die Übungen **KOMM** oder die **Spiel-Verknüpfung** wären hier passend.

> HINWEIS Vermeiden Sie Ärger auszustrahlen, wenn Sie Ihren Hund einmal abholen müssen. Sie stehen in Konkurrenz zu einer starken Ablenkung. Für ein gutes Gelingen des Rückrufs ist es notwendig, dass die Wahl Ihres Hundes in diesen Situationen zukünftig auf Sie fällt. Die Ablenkung ist für Ihren Hund nur aus einem Grund attraktiv: Sie bereitet ihm Spaß. Diesen Spaß gilt es für Sie zu toppen!

Den Namen einsetzen

Die zweite Option ist für Situationen gedacht, in denen man eigentlich schon der Überzeugung ist, dass das Rückrufsignal erfolgreich eingesetzt werden kann, aber eine Restunsicherheit besteht. Sprechen Sie Ihren Hund in diesem Fall zunächst nur mit seinem Namen an. Er muss auf diese Ansprache hin keinesfalls zu Ihnen kommen, denn sein Name ist kein Rückrufsignal. Sie können aber an seinem Verhalten erkennen, ob er Ihre Ansprache überhaupt wahrnimmt. Sollte er gar nicht reagieren, rufen Sie ihn nicht ab, sondern gehen hin und sammeln ihn wie eben beschrieben ein. Zollt er Ihnen hingegen Aufmerksamkeit können Sie abschätzen, ob diese reicht, um nun bei dem auf diese Art und Weise vorkonzentrierten Hund das Rückrufsignal einzusetzen.

Die Ableinen-Routine

Ein nicht unwesentlicher Aspekt für problemfreie Freilaufsituationen besteht schon in der Tatsache, den Hund in bewusster Art abzuleinen. Dies hat den Vorteil, dass der Hund, bevor er seine Freizeit genießen kann, noch einmal in positiver Art an den Kontakt mit seinem Besitzer erinnert wird. Ein Trainingsanfänger, der in der Ableinen-Routine für seine „Leistung" noch mit Futter belohnt wird, erfährt gleichzeitig auch, dass bei seinem Menschen – bei bravem Mitarbeiten – feine Dinge abzustauben sind. Auch für den Menschen ist dieses Handeln vorteilhaft. Durch das vorherige „in-Konzentration-Bringen" des Hundes kann vermieden werden, dass sich der Hund in hoher Erregungslage ins Getümmel stürzt. Erscheint die Situation noch „unausgereift" (sei es, der Hund ist unkonzentriert oder sogar stark auf eine Ablenkung fokussiert bzw. ist die Situation insgesamt zu ablenkungsreich oder gar gefahrenträchtig), erteilt man schlicht und ergreifend die Erlaubnis zum Freilauf noch nicht.

<u>Trainingsaufbau:</u> Nehmen Sie ein Leckerchen in die Hand und halten Sie es dem Hund vor die Nase. Locken Sie ihn nun mithilfe des Snacks mit seiner Nase so dicht wie möglich an Ihre Beine heran. Die Höhe der Position hängt von der Größe Ihres Hundes ab. Ziel ist, dass der Hund nur noch „Mensch" sieht. Geben Sie Ihrem Hund nun winzige Stückchen von diesem Futter ab. Halten Sie ihn so unter Spannung. Verändern Sie schrittweise Ihre Haltung, bis Sie bequem aufrecht stehen und den Hund in einer hohen Belohnungsrate, aber jeweils nur mit winzigen Futterstückchen, füttern (bei einem kleinen Hund müssen Sie sich jeweils her-

abbeugen). Halten Sie die Spannung der Fütterung weiter aufrecht, während Sie mit Ihrer anderen Hand die Leine lösen. Ihr Hund steht nun ohne Leine dicht bei Ihnen, während Sie ihn weiter mit Leckerchen versorgen. Überprüfen Sie mit einem Blick die Lage, ob die Luft rein ist. Ist dies gegeben, entlassen Sie den Hund mit seinem Freizeitsignal (FREI) in den Freilauf und stecken Sie überzählige Futterstückchen demonstrativ weg.

Trainingsgestaltung für fortgeschrittene Teams: Dünnen Sie nach und nach die Belohnungsrate aus, und verlagern Sie den Schwerpunkt Ihrer Belohnungen auf die Bezahlung einer echten Kontaktaufnahme (Blickkontakt-Übung S. 94 „Angucken ohne Kommando", für die auch hier bei Bedarf der Clicker eingesetzt werden kann). Während im Übungsaufbau der Ableinen-Routine im Vordergrund stand, jedweden Fehler (Fehl- bzw. Frühstarts des Hundes) zu vermeiden, soll der Hund nun den Erfolg der Freilauferlaubnis mit seinem eigenen Handeln verbinden. Behalten Sie aber unbeirrt Ihr Ziel im Blick, nämlich den Hund nicht ohne Ihre ausdrückliche Erlaubnis „entkommen zu lassen". Halten Sie ihn daher umgehend fest, wenn er sich von Ihnen in dieser Übung abwendet. Geben Sie Ihrem Hund das Freizeitsignal in einem Augenblick, wenn der Hund Blickkontakt zu Ihnen aufgenommen hat und diesen hält.

Trainingsfeinschliff: Durch die vorherigen Übungen konnte Ihr Hund schon einige Erfahrungen sammeln. Die Kontaktaufnahme von Seiten des Hundes ist zu einer Frage nach der Freilauferlaubnis geworden. Wenn günstige Bedingungen herrschen, kann Ihre Antwort FREI sein. Aber Achtung: Ablenkungen erschweren die Sachlage. Setzen Sie noch für eine längere Zeit Futterbelohnungen ein, damit Ihr Hund trotz einer Verleitung in Kontakt mit Ihnen bleibt und halten Sie ihn nötigenfalls fest (oder leinen Sie ihn noch einmal an), bevor er einen Fehler macht!

Das Freizeitkommando

Mit dem Freizeitkommando (FREI) erteilen Sie Ihrem Hund die Erlaubnis, sich Dingen zuzuwenden, die ihn interessieren. Er darf sich auch von Ihnen entfernen. Dann und wann Freizeit zu haben ist für sein Wohlbefinden wichtig, jedoch ist es im Sinne einer vorrauschauenden Problemprophylaxe sinnvoll, die Momente der Freizeit mit Bedacht auszuwählen.

> Das Freizeitkommando hat Verstärkerfunktion. Es kann wirksam als situative Belohnung (beispielsweise im Zusammenhang mit der Ableinen-Routine) eingesetzt werden.

Sämtliche Rückrufübungen müssen sowohl im Training, als auch im Alltag, von Ihnen aufgelöst werden. Nur so kann Ihr Hund wissen, wie lange er bei Ihnen bleiben muss. Dies ist ein Detail, das auch bei der Zieldefinition (vgl. S. 104) Berücksichtigung finden sollte.

Die individuelle Einschätzung des Hundes

	Individuelle Eingabe Beschreibung meines Hundes	Trainings- herausfor- derung ⚡	Ideale Vorausset- zung ✓
Genetik			
Welchem groben Rassetypus kann der Hund zugerechnet werden?	Jagdhund Hütehund Molosser Herdenschutzhund Schoßhund		
Welche zuchtgeschichtliche Spezialisierung steckt in ihm?	- Spaß am Jagen - Hohe Geschwindigkeit - Spaß am Rennen - Spaß am Naseneinsatz - Hohe Territorialität - Körperliche Empfindlichkeit - Hohe Reaktivität - Hohe Aktivität - Gemütlichkeit		
Naturell			
Allgemeine Motivationsfähigkeit für gemeinsame Interaktionen mit dem Menschen?	Gering Hoch		

(Fortsetzung)	Individuelle Eingabe	Training ✗	Training ✓
Naturell			
Welche besonderen individuellen **Talente** oder **Eigenarten** hat Ihr Hund schon unter Beweis gestellt?	Speziell: Maß der **Jagdpassion?** In Bezug auf welche **Beutetiere?**		
	Leidet Ihr Hund unter Ängsten? Gibt es bekannte Auslöser?		
	Gibt es andere Stressfaktoren, die für Ihren Hund eine Bedeutung haben? Welche?		
	Besondere Eigenschaften:		
Wie ist das Gesamtnaturell des Hundes?	ausgeglichen stressstabil sensibel neugierig spielfreudig		
Sozialverhalten			
Wie ist sein Sozialverhalten fremden Artgenossen gegenüber?	Desinteresse Spielfreude Streitigkeiten Beißereien		

(Fortsetzung)	Individuelle Eingabe	Training ✗	Training ✓
Sozialverhalten			
Wie ist sein Sozialverhalten in Bezug auf fremde Menschen?	Interesse Anspringen Verbellen Beißvorfälle		
Trainingsstand			
Alter des Hundes?	Monate/Jahre		
Welche Trainingsvorerfahrungen hat er?	viel/wenig sauber/ungenau positiv/strafbelastet		
Welche Methoden wurden mit welchem Erfolg angewandt?	Methode:_____ Erfolg: _____ Methode:_____ Erfolg: _____ Methode:_____ Erfolg: _____		
Wie gut klappt der Rückruf allgemein?	gut/schlecht In welchen Situationen gelingt der Rückruf besonders gut: _____ oder gar nicht (gut)? _____		

(Fortsetzung)	Individuelle Eingabe	Training ✗	Training ✓
Gesundheit			
Ist der Hund gesund?	Ja Nein Unbekannt		
Falls nicht, welche Form der gesundheitlichen Einschränkungen bestehen?	Haben diese Auswirkungen auf seine: Geschicklichkeit Geschwindigkeit Belastbarkeit		

Die wahre Trainigszieldefinition

Sie haben Ihren Hund jetzt ganz genau eingeschätzt. Notieren Sie nun Ihre individuell-realistische Zieldefinition! Gleichen Sie diese mit Ihrer Wunschvorstellung ab. Gibt es Diskrepanzen? Was genau steht der wahrscheinlichen Realisierung Ihres Traumziels entgegen? Gibt es möglicherweise Spezialübungen, mit denen diese Eigenarten verändert werden können? **Mehr Infos hierzu gibt es im Internet: www.rueckruf-fibel.de**

MERKE   Der reibungslose Rückruf ist für alle Hunde das Ziel, jedoch gilt es hier zu gucken, welche **Details** der Hund vor allem in Bezug auf die Geschwindigkeit und die Endhandlung zeigen soll!

Kapitel 4
Übungskatalog

Übungskatalog

Wir nähern uns des Pudels Kern. Ein Großteil der gedanklichen Vorarbeit ist getan. Die Basisübungen für Hund und Mensch wurden erfolgreich umgesetzt oder laufen noch (auch das ist okay). Nun kann es mit dem eigentlichen Rückruftraining losgehen! Die Übungen sind nach Schwierigkeitsstufen sortiert, so dass es Ihnen leichtfallen sollte, die richtigen Übungen auszuwählen.

Individueller Trainingsplan

Stellen Sie für Ihren Hund einen individuellen Trainingsplan zusammen. Die Übersichten von den Seiten 60ff, 123ff und 184ff sollen Ihnen hierbei als Anregung und Leitfaden dienen. Da Sie sehr wahrscheinlich mehr als eine Übung mit Ihrem Hund umsetzen wollen, ist es sinnvoll, ebenfalls zu notieren, in welchem Leistungsbereich sich Ihr Hund in dieser Übung momentan befindet. Im Internet finden Sie zu den hier vorgestellten Übungen auch einen kostenfreien Übungsplan zum Download.
Info-Link: www.rueckruf-fibel.de

> Halten Sie sich immer vor Augen, dass Trainingsanfänger im Alltag (speziell unter Ablenkung) noch nicht zuverlässig auf dieses Signal reagieren kann. Der Einsatz eines noch „neuen" Signals trägt im Alltag ein hohes „Verpfuschungsrisiko" in sich.

Zusammenfassung der bisherigen Betrachtungen:

Der Rückruf ist eine der wichtigsten Übungen. Ihr sollte in der Erziehung und Ausbildung des Hundes ausreichend Zeit gewidmet werden.

Der Aufbau erfolgt über das Prinzip des persönlichen Erfolges (Wahl der positiven Belohnung als Verstärker).

Der Einsatz hochwertiger (jedoch stets leistungsbezogen eingesetzer) Qualitätsleckerchen ist sinnvoll.

Der Hund sollte sich in der Nähe des Menschen stets hundertprozentig sicher fühlen.

Der Einsatz einer Belohnung ist bei erfolgreicher Umsetzung der Übung immer eine Selbstverständlichkeit!

Im Folgenden ist die Standardbelohnung durch das Kürzel BEUTE L/S gekennzeichnet. Abweichungen werden gesondert aufgeführt.

BEUTE L/S = Belohnen Sie Ihren Hund in unbedrohlicher Art total dicht bei Ihnen mit einem besonders schmackhaften Leckerchen oder einem (Zerr-)Spiel. In den Übungen, in denen mehr Ruhe gefordert ist, ist der Einsatz einer Futterbelohnung häufig günstiger; in Übungen, in denen auch Aktion erlaubt ist, sollte die Wahl auf die Lieblingsbelohnung des Hundes fallen.

Übungen für Trainingsanfänger

Wenn Ihr Hund noch Trainingsanfänger ist, lohnt es sich, zusätzlich zu den Rückrufübungen, auch die Basisübungen im Boot zu behalten und immer wieder aufzufrischen.

Übung: Nähe zahlt sich aus!

Diese Übung ist die Vorbereitung für die im fortgeschrittenen Training aufgeführte Übung „Rückruf ohne Rufen".

Trainingsaufbau: Stecken Sie Ihrem Hund, wenn Sie draußen mit ihm unterwegs sind, immer wieder einmal ein kleines Leckerchen zu, wenn er Ihnen folgt oder im Freilauf Ihren Weg kreuzt. Achten Sie hierbei auf das „wo" (dicht an Ihrer Seite) und „wie" (in unbedrohlicher Art). Siehe auch: Übungen „Der sichere Snack – Hund" und „Den Weg vorgeben".

Übung: Leistungssignal

Trainingsaufbau: Das Leistungssignal (z.B. Doppelpfiff mit ACME-Pfeife # 212, S. 103 und S. 110) wird klassisch konditioniert. Die Grundübung wird in völlig ablenkungsfreier Umgebung (z.B. zuhause) gestartet. Konkret sieht das Ganze so aus: Sie koppelt das Signal mit BEUTE L/S.
Info-Link: www.rueckruf-fibel.de (Lerntheorie)

Hier gilt jedoch eine wichtige Sonderregel in Bezug auf das Timing und die Belohnungsqualität, deren Einhaltung essentiell ist: Dem Hund wird die Qualitätsbelohnung im Idealfall eine halbe Sekunde nach dem Einsatz des Signals zugesteckt. Dies wirkt zunächst seltsam, denn der Hund muss in dieser Übung gar nichts tun! Er ist bereits von Anfang an (angeleint oder frei) nah bei Ihnen (sonst gelingt es ihnen nicht, die Verknüpfungszeit einzuhalten). Ist diese Bedingung (Nähe) nicht erfüllt, starten Sie diese Übung nicht! So einfach ist das. Wenn man so will, wird in dieser „Verknüpfungsübung" zunächst das Signal nur emotional aufgeladen. Daher ist – obwohl vom Hund gar keine Leistung verlangt wird – der Einsatz einer Qualitätsbelohnung (Lieblingsfutter oder Lieblingszerrobjekt) für einen bestmöglichen Erfolg unumgänglich! Sie wollen einen Bezug zur maximal möglichen Freude erreichen.

TIPP   Legen Sie für dieses Signal eine „Strichliste" an, um nachzuvollziehen, wie oft Sie diese Verknüpfungsübung durchgeführt haben. **Download: www.rueckruf-fibel.de**

Übung: Kontrollierter Rückruf

Trainingsaufbau: Für diese Übung ist eine Hilfsperson erforderlich. Diese hält den Hund in nicht-bedrohlicher, freundlicher, aber völlig neutralen Art (ohne Ansprache, Streicheln, Locken etc.) fest und zwar so, dass Ihr Hund Ihnen nachgucken kann, während Sie ihn an einem Qualitätsleckerchen schnuppern lassen und dann zügig etwa zehn Meter von ihm wegrennen. Dort halten Sie an, drehen sich um und rufen den Hund mit dem Rückrufwort (KOMM) zu sich heran. Bei scheuen oder kleinen Hunden sollten Sie danach in die Hocke gehen, um als Ziel und auch selbst im Belohnungsmoment weniger bedrohlich zu erscheinen. BEUTE L/S!

> Der Titel „kontrollierter Rückruf" bezieht sich auf die Kontrolle der Außenbedingungen. Arbeiten Sie anfangs ablenkungsfrei, d.h. unter idealen Bedingungen, was mögliche Ablenkungen aus der Umgebung, die Motivation, die Distanz und das Gelände anbetrifft. Bedenken Sie: Ihr Ziel ist ein hundertprozentiger Erfolg bei der Umsetzung. Sie sind hier in der Verantwortung, nicht Ihr Hund!

Alltagssignal - KOMM

Trainingsaufbau: Passen Sie einen Augenblick ab, in dem Ihr Hund bereits auf Sie zusteuert – anfangs ruhig auch nach einem völlig zufälligen Kurswechsel. Rufen Sie ihn nun mit dem Rückrufsignal (KOMM) bis ganz zu sich heran. BEUTE L/S!

Snack-Attack

Diese Übung entspricht vom Aufbau her dem Leistungssignal, denn es geht auch hier um die emotionale Aufladung des Rückrufsignals. In diesem Fall ist das Lernen jedoch ausschließlich auf den Alltag und nicht wie dort auf eine (gut kontrollierte) Trainingssituation ausgelegt.

HINWEIS   Ist Ihnen schon einmal aufgefallen, dass eine große Anzahl von Hunden mit großer Begeisterung auf das Wort „**Leckerchen**" reagiert? Dies liegt daran, dass die jeweiligen Besitzer (meist unbewusst) die Snack-Attack-Übung umgesetzt haben! Sie haben ihren Hund klassisch konditioniert, und zwar unter idealen Bedingungen, nämlich mit einem sehr guten Timing, einem hohen Qualitätsgrad der Belohnung und daher hohem emotionalem Wert und ohne den Hund jemals enttäuscht zu haben. Da das „Training" unbewusst erfolgt ist, wurde der Hund auch nie bedroht oder durch eine spezielle Erwartungshaltung verunsichert. Die Leckerchen waren stets die reine Freude, denn es handelte sich jeweils um ein Geschenk, für das keinerlei Gegenleistung erwartet wurde. Das i-Tüpfelchen für das gute Gelingen ist zudem die lange „Trainingszeit". Das heißt, der Hund hat meist viele hundert, oftmals sogar mehrere tausend Wiederholungen erlebt, bevor dem Halter überhaupt auffällt, dass sein Hund auf das Wort „**Leckerchen**" besser (freudiger und zuverlässiger) reagiert als auf sein eigentliches Rückrufwort. Sie verfügen nun von Anfang an über mehr Wissen! Das Geheimnis hinter dem Wort „**Leckerchen**" wurde gelüftet! Das bedeutet, Sie können problemlos ein anderes Wort wählen, wenn es Ihnen nicht zusagt, auf der Hundewiese oder an einem anderen öffentlichen Ort „**Leeeckkerchen!**" zu rufen, um Ihren Hund zu sich heranzubeordern.

Trainingsaufbau: Sie wählen zum „Training" einen Moment, in dem Sie Ihrem Hund einfach so einen kleinen Snack zustecken möchten. Bevor er diesen Snack (z.b. ein Kauobjekt, einen Speiserest oder etwas anders aus seiner Sicht besonders „Wertvolles") erhält, benutzen Sie das Rückrufsignal (KOMM oder das Leistungssignal). Mehr ist nicht zu tun, denn in dieser Übung geht es schließlich nicht um eine Leistung, sondern um eine Signalverknüpfung. Wenn Sie es aber besonders gutmachen wollen, achten Sie auf Ihr Timing, denn auch hier gilt eine ideale Verknüpfungszeit von 0,5 Sekunden zwischen Signal und dem zu verknüpfenden Input.

Übung: Spiel-Verknüpfung

Wenn Sie einen spielfreudigen Hund haben, ist der Einsatz einer Spielbelohnung für ein schnelles Herankommen hervorragend geeignet. Meist kommt es zu einer merkbaren Steigerung der Geschwindigkeit und Motivation des Hundes. Mein Tipp ist, den Rückruf, der mit Spiel belohnt wird, mit einem eigenen Kommando zu belegen (JOKER). So kommt es nie zu einer enttäuschten Erwartungshaltung. Auch der mögliche Fehler einer Erregungsverknüpfung in Übungen, deren Ziel eine spezielle (Ruhe-)Position ist, können so wirksam vermieden werden. Die Endhandlung der Übung besteht hier im gemeinsamen Zerren an einem vom Tierhalter präsentierten Spielobjekt. Das Ablassen vom Spielobjekt sollte an anderer Stelle geübt werden oder dem Hund bereits vertraut sein. Es ist nicht Inhalt dieser Übung. Eine Trainingsanleitung für das Kommando AUS finden Sie hier: **www.rueckruf-fibel.de**

Trainingsaufbau: Bauen Sie eine kleine Spannung auf, indem Sie Ihrem Hund das Spielzeug zeigen, er es aber noch nicht erreichen kann. Sprechen Sie dann Ihr Spiel-Rückrufwort aus (JOKER) und laden Sie ihn zum Zerren ein, indem Sie ihn in das Objekt packen lassen. Achten Sie darauf, dass die Erregungslage des Spiels anfangs nicht zu hochkocht, so dass Sie die Übung jederzeit problemlos beenden können. Das Übungsdetail bezieht sich darauf, dass der Hund erst auf das Signalwort hin in das Objekt packen darf und dass das Spiel nah bei Ihnen stattfindet und das Spielzeug nicht etwa geworfen wird (vgl. S. 70).

Übung: Rückruf mit Vorsitzen

Diese Übung ist so etwas wie ein „Klassiker". Leider weist sie häufig einige „Schwächen" auf, die durch eine gute Übungsplanung jedoch vermieden werden können. Das Trainingsziel ist, dass der Hund zügig und zielstrebig nah zum Menschen läuft, sich vor ihn hinsetzt und dort sitzend solange wartet, bis seine Übung aufgelöst wird. Je weniger genau jedoch die Position definiert ist, umso schwieriger wird die Übung für den Hund, denn er muss aus einer schwammigen Abstraktion ein Signal herauserkennen. Definieren Sie die Position SITZ in dieser Übung daher möglichst klar. Für den Alltagsgebrauch wäre ein wichtiges Detail beispielsweise, dass sich der Hund in weniger als einer Armlänge von Ihnen entfernt vor Ihnen einfindet. Auch ein problemloses Anfassen bzw. Anleinen sind für einen Familienbegleithund zentrale Punkte. In einer sich aus diesen Überlegungen ergebenden Zieldefinition kann im

Training auch für einen schüchternen oder gar scheuen Hund das Gefühl von Sicherheit in der Nähe des Menschen aufrecht gehalten werden. Schwieriger ist das in dem im Hundesport geforderten Bild des Rückrufs, bei dem der Hund mit hoher Geschwindigkeit kommend in hoher Körperenge bzw. direkter Berührung am Menschen in absolut präzise gerade ausgerichteter Art vorsitzen soll. Für beide Varianten finden Sie hier eine Trainingsanleitung. Bedenken Sie aber, dass es sich um unterschiedliche Übungen handelt, die, wenn Sie sich beide erarbeiten wollen, mit unterschiedlichen Signalen belegt sein müssen.

Trainingsaufbau für den Familienhund:
Das Trainingsziel ist, dass Ihr Hund auf Zuruf eine aus zwei Teilen bestehende Handlungskette zeigt, nämlich sich Ihnen zunächst annähert und dann setzt. Für einen sauberen Trainingsaufbau empfiehlt es sich, diese beiden Handlungen mit einem einzigen Signal, nämlich dem Rückrufwort abrufen zu können. Vermeiden Sie es daher von Anfang an strikt, in dieser Übung das Wort SITZ auszusprechen, denn dies führt den Hund, was dieses Kommando anbetrifft, auf eine falsche Fährte. Arbeiten Sie stattdessen von Anfang an mit seinem Rückrufwort (ICI [französisch: HIER])! Lassen Sie Ihren Hund in den ersten Trainingsdurchgängen an einem Leckerchen schnuppern, locken Sie ihn dann mit Hilfe des Leckerchens so nah an sich heran, dass Sie ihn spielend leicht berühren könnten, führen Sie das Leckerchen über der Nase des Hundes nach oben, bis er unwillkürlich die SITZ-Position einnimmt und belohnen Sie ihn in dieser Position. Greifen Sie nun einmal von unten (unter dem Kinn) an das

Halsband des Hundes. Stecken Sie ihm (während er immer noch sitzt!) ein weiteres Leckerchen zu (dieses muss kein Qualitätsleckerchen sein) und lösen Sie dann die Übung auf. Wenn Ihr Hund dies ohne Anzeichen von Scheu mitmacht, führen Sie das Rückrufsignal ein: Sprechen Sie es so aus, wie Sie es später im Alltag verwenden möchten und wiederholen Sie das bislang trainierte Prozedere: anlocken, sitzen, Halsband berühren. Belohnen Sie ihn nun aber nicht bereits für das Sitzen, sondern erst nach dem Griff an sein Halsband, dafür aber mit einem Qualitätsleckerchen!

Trainingsaufbau für den im Sport geführten Hund (HIER):
Positionsaufbau (enges Vorsitzen): Setzen Sie sich auf einem Stuhl weit an die Kante und strecken Sie die Beine von sich weg, so dass eine V-förmige Schneise entsteht. Locken Sie nun Ihren Hund mit einem Futterstückchen von vorne kommend in gerader Linie in diese Schneise hinein und bis dicht zu sich heran. Führen Sie das Lockleckerchen dann leicht nach oben, bis Ihr Hund die SITZ Position einnimmt. Belohnen Sie ihn nun. Verlagern Sie in den kommenden Übungen in ganz kleinen Schritten Ihre eigene Körperposition (unter Zuhilfenahme höherer Sitzgelegenheiten) immer mehr in die Senkrechte. Das Endziel ist, dass Sie schließlich mit leicht gegrätschten Beinen aufrecht stehen und Ihr Hund dicht und gerade vor Ihnen sitzt.

TIPP   Auf der Internetseite www.rueckruf-fibel.de finden Sie weitere Informationen und Anregungen.

> Enges Vorsitzen ist für einen scheuen Hund eine hohe Herausforderung. Für einen schnellen Rückruferfolg ist die Übung bei diesen Kandidaten daher nicht die erste Wahl!

Übung: Rückruf in die Grundposition

Wie bereits dargestellt, ist der Rückruf für den Hund umso leichter umsetzbar, je genauer jedes Detail definiert ist, denn genau zu wissen, was gefordert ist, gibt Sicherheit. Um den Hund im Alltag leicht dirigieren zu können, ist es daher sinnvoll, verschiedene Positionen und Endhandlungen zu definieren. Das Einfinden an der Seite des Menschen und zwar in enger und paralleler Ausrichtung ist zudem hervorragend dafür geeignet, um den Hund „aus dem Verkehr zu ziehen", wenn es die Situation erfordert.

> HINWEIS Sich aus einer schon bestehenden „Nähe" noch weiter anzunähern ist für Hunde manchmal schwer zu verstehen. Dieses Dilemma können Sie durch das Training einer ganz genauen Position vermeiden. Das Einfinden in der Grundposition bietet sich hierfür besonders an: Einerseits ist es „offener" und daher auch für einen scheuen Hund leichter umzusetzen als das akkurate Vorsitzen. Und andererseits nimmt der Hund im Raum weniger Platz ein, als wenn er vor Ihnen sitzt.

Trainingsaufbau: Die folgende Beschreibung bezieht sich auf die Grundposition links an der Seite des Menschen. Falls Sie Ihren Hund nach rechts an Ihre Seite abrufen möchten, gilt es die Übung spiegelverkehrt umzusetzen. Locken Sie Ihren Hund mit einem Leckerchen, das Sie in Ihrer rechten Hand halten, an Ihrer rechten Körperseite vorbei nach hinten und von hinten dicht an Ihrem linken Bein neben sich. Dies gelingt leicht, indem Sie Ihren Hund, sobald er sich hinter Ihnen befindet, mit einem (ggf. schmackhafteren) Leckerchen, das Sie in Ihrer linken Hand halten, abholen. Achten Sie auf Ihre Arm- und Handhaltung, während Sie Ihren Hund nun an Ihrer linken Körperseite in die ideale Position führen. Indem Sie das Leckerchen außen an die Hundeschnauze halten und es ihm, wenn er neben Ihnen schließlich die SITZ Position einnimmt, auch von außen als Belohnung zustecken, lernt Ihr Hund von Anfang an dicht und parallel neben Ihnen anzulanden.

Das SITZ in der Grundstellung gelingt in diesem Bewegungsfluss besonders leicht, wenn Sie Ihre linke Hand, die das Lock- und Belohnungsleckerchen hält, leicht nach oben führen, sobald er die gewünschte Position erreicht hat. **Info-Link: www.rueckruf-fibel.de (Video)**

Stellen Sie zügig (bereits nach der vierten oder fünften gelungenen Durchführung der Übung) vom Locken auf eine echte Belohnung nach getaner Arbeit um. Ihre rechte Hand kann Ihrem Hund zunächst immer noch als Richtungshilfe für das Hinten-Herum-Laufen dienen, jedoch sollten Sie auch in dieser Hand kein Futter mehr halten.

Übung: Rückruf-Such-Spiel

In dieser Übung ist ein kleiner Trick eingebaut. Der Hund soll nämlich auch langfristig nicht wissen oder bemerken, dass es sich um eine Rückrufübung handelt! In seinen Augen soll es sich bei dieser Übung einzig und allein um ein attraktives Such-Spiel handeln! Sie als Tierhalter selbst markieren hierbei jedoch „raffinierterweise" das Zentrum der Suchfläche, deren Rand nicht über Ihre Armlänge hinausreichen darf. Aus diesen Bedingungen ergibt sich zwangsläufig eine hohe Nähe zwischen Ihnen und Ihrem Hund und somit auch die Möglichkeit des problemlosen Festhaltens, falls dies einmal erforderlich ist. Üben Sie bei einem scheuen Hund parallel hierzu auch das problemlose Anfassen und Anleinen.

Trainingsaufbau: Der erste Lernschritt ist spielend leicht umgesetzt: Lassen Sie Ihren Hund zuschauen, wie Sie ein schmackhaftes Leckerchen direkt vor oder zwischen Ihren Füßen auf den Boden legen und laden Sie ihn mit einer Geste und dem Signalwort (ZU MIR) ein, es sich zu nehmen. Versuchen Sie in den Wiederholungen die Gewichtung auf das Signalwort zu legen und weitere Hilfestellung über Körpergesten vollständig abzubauen. Sie erkennen am Verhalten Ihres Hundes, wann er die Grundübung verstanden hat. Er wird dann nämlich, sobald Sie das Signalwort aussprechen, direkt mit tiefer Nase auf Ihre Füße zusteuern, um sich das dort liegende Leckerchen einzuverleiben. Verändern Sie nun die Ausgangssituation und lassen Sie Ihren Hund bei der Vorbereitung nicht mehr länger zugucken. Trainieren Sie diese Übung drinnen und draußen.

Trainingsübungen für Fortgeschrittene

Ihrem Hund sind die Grundbedingungen der jeweiligen Übung bereits vertraut. Im Training mit den fortgeschrittenen Hunden gilt es, weiter an der Ausführung zu feilen oder im Einzelfall die Grundübung nun erst mit einem Signal zu verknüpfen.

Bitte halten Sie sich vor Augen, dass Ihr Hund in dieser Trainingsphase noch kein Profi ist! Ein unbedachter Einsatz der Übungen im Alltag ist daher häufig noch kritisch. Es besteht nach wie vor ein nicht unerhebliches Risiko für das Einschleichen von Fehlern!

Sollten Sie tatsächlich einmal feststellen, dass eine Übung im Training oder Alltag nicht zu Ihrer Zufriedenheit gelingt, versuchen Sie bitte etwaige Fehlerquellen umgehend aufzuspüren. Hilfreich kann in diesem Fall auch die Zusammenfassung häufiger Fehlerquellen auf Seite 56ff sein. Vermeiden Sie in solch einem Fall Ärger und Wut auszustrahlen. Hunde haben für Stimmungen ein sehr feines Gespür.

HINWEIS   Oft liegt der Fehler in einer zu schnellen Leistungssteigerung begründet. Auch ein zu niedriger Gegenwert in Ablenkungssituationen ist bei Trainingsanfängern (und „fortgeschrittenen Hunden", die sich im Rückruf leistungsschwach zeigen) häufig zu beklagen.

Übung: Rückruf ohne Rufen

<u>Trainingsgestaltung:</u> Verändern Sie auf dem Spaziergang, wenn Sie der Meinung sind, Ihr Hund läuft Ihnen zu weit vor oder hält Sie nicht genug im Blick, auch einmal unvermittelt die Richtung, ohne ihm dies per Zuruf mitzuteilen. Kümmern Sie sich nicht weiter um ihn und entfernen Sie sich mit einer möglichst selbstbewussten Ausstrahlung. BEUTE L/S, sobald er aufgeschlossen hat. Diese Übung eignet sich auch hervorragend, um sie an Weggabelungen einzusetzen.

Übung: Leistungssignal

<u>Trainingsgestaltung:</u> Nach ca. 500-600 Verknüpfungseinheiten können Sie die Übung in ablenkungsfreien Situationen auch draußen an unterschiedlichen Orten umsetzen. Aber bleiben Sie Ihrem Ziel treu! Es geht nach wie vor nur um die absolut fehlerfreie Verknüpfung des Signals bzw. dessen emotionaler Wertigkeit. Halten Sie während der Übung immer ein Auge auf etwaige konkurrierende Ablenkungen. Und verschieben Sie notfalls die Übung auf einen späteren Moment.

> HINWEIS   Als Übungsinhalt gilt weiter: Signal + BEUTE L/S in einem zeitlichen Zusammenhang von ca. einer halben Sekunde! Ihr Hund muss daher weiterhin von Anfang an nah genug bei Ihnen sein, um die Übung überhaupt zu starten! Ob er angeleint oder „frei" ist, spielt für das Gelingen keine Rolle.

Übung: Jetzt oder nie!

Trainingsaufbau und -gestaltung: Vermitteln Sie Ihrem Hund, dass Trödeln im Zusammenhang mit dem Rückruf nicht erwünscht ist, indem Sie in das Kommando auch die Bedeutung „jetzt oder nie" hineinlegen.

Durch Ihr eindeutiges Handeln untermauern Sie Ihre ernstgemeinte Absicht, notfalls auch ohne den Hund zu gehen. Warten Sie in dieser Übung also nicht auf Ihren Hund, sondern entfernen Sie sich in möglichst aufrechtem und vor allem zielstrebigen Gang von ihm, wenn Sie den Eindruck haben, er trödelt. Setzen Sie Qualitätsleckerchen nur für beste Leistung ein und nicht für eine schlampige Übungsausführung.

HINWEIS Für die Übung „Jetzt oder nie!" kann man grundsätzlich auch das normale Rückrufwort (KOMM) benutzen.

Möchten Sie den Rückruf jedoch auch unter eine gewisse Verlustspannung stellen, ist es möglich ein noch unbekanntes Kommando (BLESS [isländisch: Auf Wiedersehen!]) einzuführen, das der Hund aus der Situation heraus lernen kann. Er lernt: BLESS bedeutet, jetzt wird es höchste Zeit die Füße in die Hand zu nehmen, sonst stehe ich gleich alleine da.

Anfangs sollten Sie dieses Kommando nur üben, wenn Sie sicher sind, dass Sie mit jedweder Ablenkung aus der Umgebung konkurrieren können.

Übung: Kontrollierter Rückruf

<u>Trainingsgestaltung:</u> Üben Sie nun Steigerungsformen, was den Schwierigkeitsgrad anbetrifft.

Folgende Varianten sind möglich:
- Der Hund wird nicht mehr mit einem Leckerchen angereizt, bevor Sie sich von ihm entfernen.
- Sie entfernen sich in langsamerer Art.
- Die Distanz zwischen Ihnen und dem Hund wird vergrößert oder verringert (vgl. S. 149 Endposition links am Körper des Menschen).
- Der Anspruch der Wegstrecke wird erhöht (d.h. der Hund muss Hindernisse überwinden, um zu Ihnen zu gelangen).
- Der Rückruf erfolgt ins Dunkle hinein.
- Sie befinden sich „lose" außer Sicht (z.B. hinter einem Baum), wenn Sie rufen.
- Sie sind außer Sicht und gänzlich in einem Versteck verborgen.
- Sie lassen mehr Zeit zwischen Ihrem „Verschwinden" und dem Rückruf verstreichen.

Übung: Alltagssignal - KOMM

<u>Trainingsgestaltung:</u> Benutzen Sie das Rückrufwort (KOMM), wenn Ihr Hund gerade Blickkontakt zu Ihnen aufgenommen hat und entfernen

Sie sich dann zügig von ihm (ggf. auch in ein Versteck), jedoch unter weiterer Beobachtung, (vgl. S. 165). BEUTE L/S sobald er Sie gefunden hat!

Wenn es schon ein wenig mehr Ablenkung sein darf, könnte folgende Übungsvariante für Sie passen:

Trainingsgestaltung: Passen Sie eine leichte Ablenkungssituation auf dem Spaziergang ab. Sprechen Sie Ihren Hund dann mit dem Rückrufwort an, entfernen Sie sich gleichzeitig ein wenig von der Ablenkung und Ihrem Hund und stecken Sie Ihrem Hund, wenn er Ihnen folgt, sein absolutes Lieblingsleckerchen zu. Steigern Sie die Belohnung, wenn es die Situation zulässt, gegebenenfalls noch durch die Erlaubnis, danach zur Ablenkung (z.B. zu einem Hundefreund) zu laufen. In dieser Übung ist es durchaus erlaubt, in den ersten Durchgängen eine leichte Lockhilfe einzusetzen. D.h. Ihr Hund darf durchaus sehen, dass Sie sofort, nachdem Sie das Rückrufsignal ausgesprochen haben, bereits seine Traumbelohnung herausholen, die er sich dicht bei Ihnen abholen darf.

Auch auf einem Familienausflug kann mit dem Hund geübt werden. Großen Spaß bereitet folgende Übung:

Trainingsgestaltung: Rufen Sie den Hund mit seinem Rückrufwort (KOMM) zwischen sich und einem anderen (oder mehreren) Familienmitglied(ern) hin und her. Achten Sie auf eine genaue Absprache mit dem/den Anderen, damit es zu keinen Unklarheiten bei den Ansagen an den Hund kommt. BEUTE L/S ist jeweils Aufgabe desjenigen, der gerufen hat. Alle Beteiligten müssen daher vorab bestens „bewaffnet" sein.

Übung: Spiel-Verknüpfung

Trainingsgestaltung: Setzen Sie das Kommando Ihrer Spiel-Verknüpfung (JOKER) nun in einer leichten Ablenkungssituation auf dem Spaziergang ein. Auch hier gilt: Ihr Hund darf es anfangs durchaus mitbekommen, dass Sie direkt nach dem Aussprechen der Spieleinladung das Spielzeug herausholen und ihn zum Spielen einladen (wenn er sich Ihnen zügig genähert hat). Spielen Sie im Idealfall etwas abseits der Ablenkung, um die potentielle Gefahr eines Fehlers klein zu halten.

Übung: Rückruf mit Vorsitzen

Trainingsgestaltung **für den im Sport geführten Hund (HIER):**
Signalaufbau (enges Vorsitzen): Überprüfen Sie zunächst, ob Ihr Hund das Vorsitzen wirklich so zeigt, wie es in Bezug auf die Position (Raumausrichtung und Nähe zu Ihnen sowie die Körperhaltung des Hundes) Ihrer Wunschvorstellung vollauf entspricht. Dann ist der Signalaufbau einfach: Leiten Sie die Übung ab dem entsprechenden Moment immer mit dem Signalwort ein (HIER). Bauen Sie nach und nach vorhandene Hilfestellungen ab.

Belohnungskette als Positivpuffer:
Das enge Vorsitzen fällt manchen Hunden deshalb schwer, da eine hohe Körpernähe in der Hundesprache ein Bedrohungselement ist. Sie wollen es sich nicht anmaßen, sich Ihnen gegenüber so „unhöflich" zu verhalten. Mit geschickter Trainingsführung ist hier jedoch noch nicht alles entschieden.

Gleiches gilt für die Annäherung in hoher Geschwindigkeit. Auch das steht dem Gebot der Höflichkeit entgegen. In der Rückrufübung mit Vorsitzen ist jedoch beides gefordert. Der Hund soll in der Position des Vorsitzens direkt am Menschen bremsen. Die Position muss dem Hund an dieser Stelle aus dem Übungsaufbau bereits vertraut und positiv belegt sein.

Nun können Sie auch noch die Macht einer „Belohnungskette" für die einzelnen Sequenzen ausnutzen: Halten Sie mehrere Leckerchen in Ihrer Hand. Belohnen Sie Ihren Hund mit einem der attraktiven Futterstückchen für das schnelle und gerade Herankommen. Achten Sie darauf, Ihre Hand mit dem Futter so vor sich zu halten, dass Ihr Hund sogar ein wenig zum Einnehmen der richtigen Position verleitet wird. Auch eine kleine Bewegung mit der Hand (dicht an Ihrem Körper leicht nach oben) ist anfangs erlaubt. Geben Sie ihm sobald er vorsitzt, wie er es bereits geübt hat, ein Leckerchen aus Ihrer Hand. Er darf ruhig wissen, dass Sie in Ihrer Hand noch mehr Belohnungsstückchen halten. Warten Sie kurz, bauen Sie in unbedrohlicher Art ein wenig Spannung auf (d.h. Sie lösen die Übung noch nicht auf) und gehen Sie dann einen kleinen Schritt nach hinten, so dass Ihr Hund noch einmal dicht aufrutschen muss, um wieder in der ihm schon vertrauten Endposition des Vorsitzens zu landen. Belohnen Sie auch diese Handlung wieder umgehend. Lösen Sie dann oder erst nach einer weiteren Wiederholung die Übung auf.

Weitere Anregungen finden Sie hier: www.rueckruf-fibel.de

> Auch für das Abrufen in die HIER-Position (enges Vorsitzen) kann ein Sichtzeichen eingeführt werden. Oft kann der Hund die Übung auch an der speziellen Körperhaltung des Menschen erkennen. Anders als beim „Rückruf mit Sichtzeichen" (siehe folgende Seite) sind diese Signale jedoch nicht so gut über weite Distanzen sichtbar.

Trainingsgestaltung für den Familienhund:
Üben Sie nun den Rückruf mit Vorsitzen (ICI) in Alltagssituationen, mit leichter Ablnekung. Bleiben Sie weiterhin dabei, auch das Halsband des Hundes zu berühren oder den Hund zusätzlich anzuleinen und ihn erst dann (vorausgesetzt er sitzt noch!) zu belohnen. All diese Details sollen dem Hund wirklich vertraut sein. Wenn es sich um eine reine Übungseinlage handelt, kann der Hund nach dem Erhalt seines Leckerchens, auch mit der Erlaubnis wieder in den Freilauf starten zu dürfen, belohnt werden.

> Vermeiden Sie im Training und Alltag Ungenauigkeiten! Der Hund soll unter diesem Kommando kommen und sitzen! Einer der häufigsten Fehler in dieser Übung besteht darin, sich auch mit einer Teilleistung zu begnügen und die Übung somit zu verwässern. Benutzen Sie lieber ein anderes Rückrufsignal, wenn Ihnen das SITZ am Schluss der Übung in einer bestimmten Situation nicht erforderlich erscheint.

Rückruf in die Grundposition

<u>Trainingsgestaltung:</u> Der Rückruf in die linke Grundposition soll nun mit einem Signal belegt werden. Wenn der Hund sich üblicherweise in der Grundstellung einfindet, indem er Sie umrundet, kann die Übung den Namen der ihm bereits bekannten Position bekommen (FUSS). Andernfalls ist zu überlegen, ein neues Signal für diese konkrete Handlung aufzubauen (LINKS).

Rückruf mit Sichtzeichen

Ist dem Hund das Einfinden in die linke Grundposition durch das Umrunden des Menschen bereits vertraut, kann in einfacher Art der Rückruf auch auf ein Sichtzeichen hin trainiert werden. Man erhält so eine elegante Möglichkeit den Hund auch über große Distanzen ohne Stimmaufwand „rufen" zu können – vorausgesetzt der Hund guckt gerade. Die Wichtigkeit der Basisübung „Angucken ohne Kommando" sei hier noch einmal unterstrichen.

<u>Trainingsgestaltung:</u> Da Ihr Hund die Handlung bereits kennt, ist der Aufbau des Sichtzeichens ein wahres Kinderspiel: Strecken Sie Ihren rechten Arm gerade nach oben und führen Sie ihn dann ausgestreckt in einer weiten Bewegung seitlich bis fast an Ihr rechtes Bein herunter. Ab jetzt ist die Übung dem Hund auch vom Bild her schon aus dem Aufbau der Position vertraut. Lassen Sie den Hund wie gewohnt, von rechts kommend, hinter sich entlang auf die linke Seite gehen und belohnen Sie

ihn an Ihrer linken Seite in der SITZ-Position (dicht und parallel neben Ihnen). Sollte er anfangs „Startschwierigkeiten" haben, können Sie ihn mit seinem Positionssignal (FUSS oder LINKS) daran erinnern, was zu tun ist oder auch hier wiederum in den ersten fünf Durchgängen ein Futterstück in die Signalhand nehmen, um den Hund nach hinten zu führen. Bauen Sie diese Hilfestellung über das Lockmittel jedoch auch hier schnellstmöglich wieder ab.

HINWEIS Beim Aufbau und Einsatz eines Rückruf-Sichtzeichens gilt es, im Hinblick auf das Signal auf eine große Bewegung und gute Hintergrundkontraste zu achten, um zu gewährleisten, dass das Signal weithin sichtbar ist.

Rückruf-Such-Spiel

Trainingsgestaltung: Steigern Sie den Anspruch des Rückruf-Such-Spiels (ZU MIR). Setzen Sie die Übung ab sofort nur noch draußen um. Passen Sie zu Beginn ablenkungsarme Situationen auf dem Spaziergang ab. Achten Sie auch verstärkt darauf, dass Ihr Hund Ihre Vorbereitungen nicht mehr sieht. Trainieren Sie dieses Spiel aus den unterschiedlichsten Richtungen.

Erschweren Sie in kleinen Schritten auch den Anspruch in der Suche, indem Sie das Futterstückchen zwar stets nah an Ihren Füßen platzieren, aber nicht mehr immer an der gleichen Stelle.

> Für die meisten Hunde liegt der Spaß an dieser Übung darin begründet, dass sie eigenständig arbeiten dürfen. Vermeiden Sie es daher, dem Hund zu „helfen". Sie können sicher sein, dass er sein bestes Werkzeug – seine Nase – immer dabei hat! Achten Sie einzig und allein strikt darauf, dass die Suchfläche in dieser Übung niemals Ihre Armlänge überschreitet!

Training für Meisterschüler

Der Übergang von einem Meisterschüler zu einem Alltagsprofi ist fließend. Im Training mit den Meisterschülern gilt es, sich Schritt für Schritt an immer mehr Ablenkungen heranzuwagen. Halten Sie hierbei aber stets die Leistung im Blick. Sollte es zu einem (auch nur geringgradigen) Einbruch der Leistung kommen, ist es sinnvoll, das Ablenkungsmaß noch einmal zu verringern und die bisherige Leistung durch weitere Wiederholungen zu festigen.

> Das Hinzufügen einer (weiteren) Ablenkung ist nicht der geeignete Moment, um die Belohnungsrate oder -qualität zurückzuschrauben. Eher im Gegenteil! Belohnen Sie beste Leistung unter dem angezogenen Schwierigkeitsgrad für eine ausreichend lange Zeit mit Qualitätsbelohnungen!

> **Check-up zur Vermeidung von Nachlässigkeiten**
>
> - Ist das jeweilige Rückrufsignal unverkennbar?
> - Ist es gut aus dem Wirren der Alltagsgeräusche herauszuhören?
> - Stimmt die Qualität der Belohnung (immer noch)?
> - Wurden für den Aufstieg in die Meisterklasse ausreichend viele Basisübungen absolviert?

Übung: Rückruf ohne Rufen

<u>Trainingsfeinschliff:</u> Diese Übung kann nun auch in Ablenkungssituationen eingesetzt werden. Ihr Hund soll lernen, auch ohne Ihre ausdrücklichen Anweisungen im Kontakt mit Ihnen zu bleiben. Nehmen wir an, Ihr Hund spielt ausgelassen mit Hundefreunden. Entfernen Sie sich kommentarlos und ohne anderweitig in einer besonderen Art auf sich aufmerksam zu machen in normaler Spaziergeschwindigkeit. Folgt Ihr Hund Ihnen, gilt: BEUTE L/S - gegebenenfalls auch eine doppelte Belohnung, indem er von Ihnen zusätzlich die Erlaubnis erhält, wieder zu seinen Hundefreunden zu laufen und weiter zu toben. (Siehe **Info-Link**.)

Übung: Leistungssignal

Wie viele Wiederholungen bzw. Snacks in der Verknüpfungsübung hat Ihr Hund bereits intus?

Trainingsfeinschliff: Ab ca. 2000 Wiederholungen können Sie das Signal in kleinen Schritten unter immer realistischeren Bedingungen einsetzen. Aber grenzen Sie nach wie vor nach bestem Wissen und Gewissen besonders starke Verleitungen und alle anderen Fehlerquellen aus. Halten Sie Verknüpfung hochwertig und bleiben Sie weiter am Ball!

HINWEIS Je mehr fehlerfreie und emotional hochwertige Verknüpfungen Ihr Hund absolviert hat, desto sicherer ist die Verknüpfung! Die Erfahrung zeigt, dass für den (auch in Notlagen) erfolgreichen Einsatz des Signals, eine Wiederholungsrate von mindestens 5000-7000 erforderlich ist.

An der Reaktion des Hundes ist abzulesen, ob die Verknüpfung wirklich hochwertig ist. Wenn das Leistungssignal sauber aufgebaut wurde, reagiert er „ferngesteuert" und ohne nachzudenken - praktisch wie im Fluge. Eine solch reflexartige Reaktion des Hundes macht im Alltag manch einen (fremden) Menschen sprachlos. Freuen Sie sich ruhig darüber, aber ruhen Sie sich nicht zu lange auf dem Erfolg aus. Halten Sie die gute Reaktion durch gelegentliches Üben (auch der Verknüpfungsübung) weiterhin am Leben. Setzen Sie hierbei auch langfristig Qualitätsbelohnungen ein, denn diese Form der Bezahlung ist der Grund, weshalb Ihr Hund so große Freude am Bravsein hat!

Übung: Kontrollierter Rückruf

In der folgenden Versteck-Übung ist eine **Hilfsperson** erforderlich. Günstig ist es, wenn Ihrem Hund aus den vorherigen Grundübungen des kontrollierten Rückrufs schon kleine Suchlagen vertraut sind.

Trainingsfeinschliff: Steigern Sie den Schweregrad der Suchlage schrittweise. Wichtig ist, dass Ihr Hund die Übung stets mit Erfolg abschließen kann und Sie findet. Diese Übung macht vielen Hunden große Freude, sie ist jedoch keine klassische Rückrufübung, da der Hund hier von einer Hilfsperson „angesetzt" wird. Zur Auflockerung eines Spaziergangs ist sie dennoch wertvoll, denn der Hund erhält wieder den Beweis, dass er von Ihnen für eine zügige Annäherung an Sie eine tolle Belohnung erhält. Die Übung ist zudem gut im Rahmen eines Beschäftigungsprogramms unterzubringen.

In der nun folgenden Übungsvariante benötigen Sie für die Umsetzung **keine Hilfsperson**. Der Übungsmoment ist davon abhängig, ob Sie eine ideale Situation (Herausforderung) abpassen können.

Trainingsfeinschliff: Ihr Hund hat bereits einige hundert Wiederholungen des Signals unter wirklich kontrollierten Bedingungen absolviert. Nun können die Übungen, sowohl im Training als auch im Alltag, immer anspruchsvoller gestaltet und der Hund im Rückruf mehr und mehr gefordert werden. Verlangen Sie (bei einem gesunden, jungen Hund) den Rückruf daher auch in kompliziertem Gelände, so dass der Weg zu Ihnen für Ihren Hund eine kleine Herausforderung darstellt. Lassen Sie ihn

Hindernisse überwinden, Brücken überqueren, Zäune umlaufen, einen Bach durchqueren oder über zunehmend große Distanzen herankommen. Bei gutem Gelingen: BEUTE L/S!

Übung: Alltagssignal - KOMM

Trainingsfeinschliff: Passen Sie zunächst einen Augenblick ab, in dem Ihr Hund sich gerade etwas Anderem zuwendet, und rufen Sie ihn mit seinem Rückrufwort (KOMM) ab. BEUTE L/S!

> HINWEIS Es ist einfacher, „Zugriff" auf den Hund zu haben, wenn dieser eine Verleitung gerade erst entdeckt hat, als wenn er sich schon auf sie eingeschossen oder bereits dorthin in Bewegung gesetzt hat. Reagieren Sie im Hinblick auf den momentanen Leistungsstand Ihres Hundes daher mit Weitblick.

Wenn er diese Herausforderung meistert, können Sie nach und nach dazu übergehen, das Signal (KOMM) auch dann zu benutzen, wenn er schon etwas länger mit einer Verleitung liebäugelt oder sich ihr bereits vollauf zugewandt hat. Reagiert er umgehend auf Ihren Zuruf gilt BEUTE L/S!

Übung: Rückruf mit Vorsitzen

Trainingsfeinschliff für den im Sport geführten Hund (HIER):
Das Augenmerk ist auf das enge Vorsitzen gerichtet. Nähert sich Ihr Hund in einem flüssigen Bewegungsablauf an und nimmt er umgehend

eine ideale Position (gerade und eng) für den Vorsitz ein? Dann ist er reif für die Steigerung der Annäherungsgeschwindigkeit. Rufen Sie ihn nun aus einer schrittweise immer größer werdenden Distanz in die HIER-Position ab. Sinnvoll ist es, anfangs darauf zu achten, dass der Hund eine gerade Wegstrecke zu Ihnen vor sich hat, um ihm das gerade „Hereinkommen" zu erleichtern. Führen Sie (schrittweise!) Alltagsablenkungen erst dann ein, wenn Sie mit der Ausführung der Übung in ablenkungsfreier Umgebung vollauf zufrieden sind.

Trainingsfeinschliff **für den Familienhund:**
Die Herausforderung dieser Übung besteht in einer Steigerung der Umgebungsablenkung. Rufen Sie Ihren Hund in zunehmend ablenkungsreichen Situationen mit ICI zu sich heran. Achten Sie auf einen korrekten Abschluss der Übung in der SITZ-Position, und lösen Sie nach einer angemessenen Belohnung die Übung auf. Bedenken Sie, dass nicht nur das Kommen unter mehr Ablenkung anspruchsvoller ist, sondern auch das Sitzenbleiben!

Übung: Rückruf in die Grundposition

Trainingsfeinschliff: Ihrem Hund sind die Endposition und die Signale (das Wortsignal FUSS bzw. LINKS oder das Sichtzeichen des seitlich von oben nach unten geführten gestreckten Armes) bereits wohl vertraut. Üben Sie diesen Bewegungsablauf nun in verschiedenen Alltagssituationen. Variieren Sie die Distanzen und das Maß der Ablenkung. Führen

Sie die Steigerungen des Leistungsanspruchs schrittweise ein. Ihr Hund soll sich seiner Sache immer hundertprozentig sicher sein. Dies bezieht sich sowohl auf die Entscheidung, lieber zu Ihnen zu kommen, als sich auf eine Verleitung einzulassen, als auch auf das Wissen, was er genau tun muss, um Ihre Anerkennung (Belohnung) zu erhalten. Vergessen Sie nicht: BEUTE L/S bei gutem Gelingen!

Übung: Rückruf-Such-Spiel

Trainingsfeinschliff: Der Such-Aspekt des Rückruf-Such-Spiels kann im fortgeschrittenen Training immer mehr betont werden. Ihr Hund darf sich ruhig herausgefordert fühlen. Je nach Jahreszeit kann der Snack, den der Hund suchen und aufnehmen darf, im Gras, unter Laub, im Schnee oder auch in einem kleinen Busch versteckt werden. Nur die Nähe zu Ihnen und der Einsatz einer Qualitätsbelohnung bleibt in dieser Übung immer weiter gegeben!

Übung: Allgemeiner Trainingsfeinschliff

Zur fortgesetzten Auffrischung aller bereits bekannter Übungen müssen diese immer wieder abgefragt werden. Dies gilt auch, wenn der Hund schon ein Meisterschüler ist. Ziel des hier vorgestellten Trainingsfeinschliffs ist, den Spaß in der allgemeinen Teamarbeit mit Ihnen und speziell in der Rückrufleistung immer weiter zu steigern. Das Prozedere kann auf sämtliche Rückrufübungen bezogen werden.

Trainingsfeinschliff: Verlangen Sie von Ihrem Hund den Rückruf in einer Ablenkungssituation, in der er bereits mit etwas recht Interessantem beschäftigt ist – vorausgesetzt, Sie sind sich sicher, dass dies auch gelingen wird! Belohnen Sie ihn üppig und hochwertig und entlassen Sie ihn danach wieder in seine Freizeit, damit er seine unterbrochene Handlung bei Bedarf fortsetzen kann.

Übungskombinationen für den Alltag

Wenn dem Hund schon einiges aus dem Übungskatalog bekannt ist, ergeben sich weitere Kombinationsmöglichkeiten. Diese können einerseits der Beschäftigung dienen, andererseits stellen sie auch einen Erfolgsschlüssel für individuelle Trainingsfragestellungen oder Trainingsvorlieben dar.

Übung: Kontrollierter Rückruf und Vorsitzen

Wenn Ihr Trainingsziel vorsieht, dass Ihr Hund kommt und dann direkt vor Ihnen SITZ machen soll, können Sie in die Übung „Kontrollierter Rückruf" mit der Übung „Vorsitzen" kombinieren.

Folgender Tipp ist hier für alle Trainingsanfänger wertvoll: Stärken Sie das brave Verhalten des Hundes in den ersten Durchgängen durch eine doppelte Belohnung und zwar mit einem Leckerchen für die (schnelle) Annäherung und mit einem weiteren Leckerchen für das SITZ. Bedenken Sie: Sie stellen hier zwei Anforderungen. Die doppelte Belohnung dient dem Zweck, Fehler abzupuffern. Etwa wenn der Hund zwar zügig angelaufen kam, sich vor der Vollendung der Endhandlung jedoch so stark von etwas ablenken ließ, dass kein Übungsfluss mehr in der Gesamtleistung steckte. Würde er hier nur eine Belohnung am Ende für das Absitzen erhalten, verpassen Sie, ihm Ihre gebührende Anerkennung für den eigentlichen Rückrufpart zu zollen. Dieses Vorgehen ist nicht mehr erforderlich, wenn Sie mit Ihrem Hund in der auf Seite 148 vorgestellten Übung bereits Fortgeschrittenenstatus erreicht haben.

Übung: Rückruf-Such-Spiel und Spiel-Verknüpfung

Zählt Ihr Hund zu den Kandidaten, die gerne Ihre Nase einsetzen und bei denen eine Spielbelohnung mehr Freude erzeugt als jedes Leckerchen? Dann können Sie das Rückruf-Such-Spiel mit der Spiel-Verknüpfung kombinieren. Legen Sie in der ZU MIR-Übung statt eines Futterstückchens einfach das Lieblingsspielzeug Ihres Hundes in der Nähe Ihrer Füße aus. Ihr Hund soll es suchen und Ihnen für ein gemeinsames Zerrspiel anreichen.

> HINWEIS Es ist in dieser Übung durchaus sinnvoll, das Zerren mit dem, dem Hund bereits bekannten, Kommandowort JOKER zu starten. Auf diese Weise vermeiden Sie einerseits unkontrolliertes Verhalten durch eine zu hohe Erregungslage, andererseits frischen Sie beide Rückrufsignale auf und stärken diese so.

Übung: Rückruf-Such-Spiel und APPORT

Wenn Ihr Hund schon die Meisterklasse der ZU MIR-Übung erreicht hat und zudem einen guten Apport beherrscht, können Sie die Übung abwandeln. Legen Sie in diesem Fall kein Futter sondern ein Spielzeug oder einen Gegenstand aus, den der Hund geruchlich mit Ihnen in Verbindung setzen kann. Die Aufgabe Ihres Hundes besteht nun darin, den von Ihnen ausgelegten Gegenstand zu suchen, zu finden und Ihnen anzugeben. Belohnen Sie diese Leistung dann mit einer Qualitätsbelohnung!

> Bei apportierfreudigen und gleichzeitig futterbegeisterten Hunden kann diese Übung gut mit „Futter-Dummys" umgesetzt werden. Die Belohnung erhält Ihr Hund dann direkt aus dem Futtertäschchen. Ideal ist es, wenn dem Hund der Apport des Futter-Dummys bereits vertraut ist. Das wichtigste Detail in dieser Übung ist das Abgeben des Dummys in Ihre Hand, denn er findet den Gegenstand ja nach wie vor an Ihren Füßen. Mit dem Abgeben muss die sichere Überzeugung verbunen werden, eine attraktive Belohnung zu erhalten.

Übung: Rückruf-Such-Spiel und Anleinen

Diese Kombination scheint zunächst den Anforderungen des Rückruf-Such-Spiels entgegenzustehen, denn schließlich soll diese Übung ja in den Augen des Hundes gar keine Gehorsamsübung sondern ein „reiner"

Spaß sein (vgl. S. 140). Dennoch ist die Kombination ohne Leistungseinbuße möglich, wenn einige besondere Voraussetzungen erfüllt sind: Ihr Hund ist bereits Meisterschüler im Rückruf-Such-Spiel, was bedeutet, dass er bereits mehrere hundert Wiederholungen dieser Übung durchlaufen hat, ohne am Schluss angeleint oder anderweitig eingeschränkt worden zu sein. Und: Ihr Hund ist mit dem Anleinen grundsätzlich vertraut und meidet Sie in diesen Momenten nicht. Wenn beide Voraussetzungen erfüllt sind, gilt es in dieser Übung nur noch die Fehlerquelle 17 („Das Ende allen Spaßes") zu vermeiden. Der Übungsablauf besteht also aus der ZU MIR-Übung, gefolgt vom Anleinen und dem zusätzlichen Erfolg, schon nach wenigen Metern Wegstrecke an Ihrer Seite (und an der Leine) nochmals kontrolliert in die Freizeit entlassen zu werden.

Übung: „Jetzt oder nie" und Verstecken

In der Übung „Jetzt oder Nie" (BLESS) wird das Rückrufwort wie eine Warnung eingesetzt. Diese kann man noch nachdrücklicher ausfallen lassen, wenn man sich nicht nur in zielstrebiger Art vom Hund entfernt, sondern ihn tatsächlich „verlässt", indem man vollständig außer Sicht verschwindet. Zwei Dinge sind hierbei zu bedenken: Panik auf Hundeseite zu erzeugen ist nicht das Ziel (vgl. S. 165)! Halten Sie Ihren Hund daher immer noch im Blick und geben Sie ihm notfalls (rechtzeitig!) Hilfestellung. Wenden Sie die Übung in Momenten an, in denen eine hohe Aussicht auf Erfolg besteht und nicht etwa, wenn Ihr Hund sich beispielsweise bereits für einen Jagdausflug entschieden hat. Hunde, die in der Übung „Kontrollierter Rückruf" bereits mit Suchlagen vertraut gemacht wurden, zeigen sich in dieser Übung weniger „Schock-gefährdet" und tatsächlich oftmals hoch motiviert Ihren Menschen wiederzufinden. Noch ein Hinweis für die Belohnung in dieser Übung. Ihr Hund hatte ja arg getrödelt. Die Annäherung ist keine Qualitätsbelohnung wert, um nicht einen negative Handlungskette zu kreieren (vgl. Seite 175). Das Dabei-sein ist in diesem Fall alles! Es ist hilfreich, im Anschluss an solch eine „Notübung" noch einmal andere Bilder des Rückrufs aufzufrischen, um den Hund auf dem rechten Pfad zu halten bzw. ihn auf diesen wieder zurückzuführen. Auch die Basisübungen (S. 93ff) und das Leistungssignal können in diesem Zusammenhang eine Auffrischung erfahren.

Kapitel 5
Problemlösungen

Problemlösungen

Es gibt eine Reihe von Verleitungen für Hunde, die beim Rückruftraining bedacht werden müssen. In diesem Kapitel finden Sie eine Zusammenfassung der gängigsten Herausforderungen. Sie werden schnell überblicken können, ob Ihr Hund zu den Kandiaten gehört, bei denen es sinnvoll ist, zusätzlich zu den im vergangenen Kapitel bereit angsprochenen Übungen zur Problemprophylaxe oder zum Problemmanagment auch noch andere Elemente in den Trainingsplan aufzunehmen.

Schwierige Situationen meistern

Den Hund, vor allem in schwierigen Situationen, punktgenau abrufen zu können, ist verständlicherweise das am häufigsten abgesteckte Trainingsziel im Zusammenhang mit dem Rückruf. Es gibt jedoch keinen Shortcut dorthin. Der Trainingsweg führt zwangsläufig vom Anfänger über den fortgeschrittenen Hund zum Meisterschüler. Im Training und im Alltag mit Letztgenanntem gilt es dann, sich möglichst mit einem gewissen Weitblick und unter Einbeziehung des gesammelten Wissens auch den größten Herausforderungen zu stellen.

Die bisherige Lebenserfahrung des Hundes, die sich aus den Erlebnissen der Aufzucht und Haltung und des Trainings zusammensetzt, weist immer individuelle Feinheiten auf. Jeder Schüler stellt sich somit anders dar. Liegen ideale Bedingungen vor, ist der Aufbau des Rückrufs ein Kinderspiel. Auch in hoher Ablenkung oder in anderweitig schwierig erscheinenden Situationen kann ein Höchstmaß an Zuverlässigkeit erreicht werden. Anders sieht es aus, wenn der bisherige Lebensweg weniger rosig verlaufen ist und möglicherweise obendrein eine ganze Reihe an Trainingsfehlern begangen wurden (vgl. Übersicht Seite 60ff).

Im Folgenden habe ich einige der häufigsten Problemsituationen und deren Besonderheiten bei der Trainingsgestaltung aufgeführt. Letztere sind nur in Stichworten aufgeführt. Eine genauere Beschreibung der einzelnen Übungen oder auch Therapiemöglichkeiten würden den Rahmen dieses Buches sprengen. Mehr Informationen zur Verhaltenstherapie und Trainingsanleitungen zu verschiedenen Themen finden Sie im Netz auf folgenden Seiten:

www.lupologic.de
www.hundetraining-online.de
www.rueckruf-fibel.de

Problem Nr. 1: Angst

Unsicherheit, Furcht, Angst oder gar Panik sind bei Hunden durchaus häufig anzutreffende emotionale Probleme. Für den Rückruf sind vor allem zwei Details relevant: Ein Hund, der starke Furcht, Angst oder Panik erlebt, kann plötzlich los- bzw. weglaufen, um zu fliehen. Ein derartiges Verhalten ist affektgesteuert. Es hat nichts mit einer geplanten Absicht, also nichts mit Nachdenken zu tun. Das Problem ist, dass in einem

Problemlösungen

solchen Moment die Sinneswahrnehmung des Hundes so stark eingeschränkt ist, dass er ein etwaiges Rufen des Tierhalters gar nicht „hört". Und ein Hund, der Angst vor dem Besitzer hat, speziell vor dessen Körpersprache oder angewandten Strafen, kann die Annäherung meiden. Gute Rückrufergebnisse bleiben so ein unerreichtes Ziel.

TIPPS ZUR PROBLEMLÖSUNG - ANGSTBELASTUNGEN

- Genaue Analyse der Ursachen
- Zielgerichtete Therapie des Angstproblems mittels eines gut strukturierten, verhaltenstherapeutischen Behandlungsplans (unter tierärztlicher Kontrolle)
- Vorausschauendes Handeln (rechtzeitiges Abrufen und Anleinen)
- Besonders wertvoll: Fehleranalyse und ggf. zukünftige Vermeidung bereits begangener Fehler (speziell Fehlerquellen 3 und 12-15 sowie 18 und 19)
- Umsetzung der Übungen von S. 96 und S. 140
- Target-Training

Unbehandelte Angstprobleme schränken die Lebensqualität ein!

Problem Nr. 2: Jagdambition

Ihrer Veranlagung entsprechend üben jagdliche Verleitungen (Gerüche, Bewegungen, Geräusche und auch der bloße Anblick eines Beutetieres) auf den Hund eine besondere Anziehung aus. Hunde mit hoher Jagdambition sind in Bezug auf den Rückruf jedoch erst dann wirkliche Problemkandidaten, wenn sie bereits Jagderfahrungen sammeln konnten (vgl. S. 105). In diesem Fall stellt das Rückruftraining nur ein Element eines umfangreichen Trainingskonzeptes dar.

TIPPS ZUR PROBLEMLÖSUNG - JAGDAMBITION

- Vorausschauendes Handeln inkl. Problemvermeidung - auch an der Leine (siehe auch Fehlerquellen 3 und 16)
- Umsetzung eines vollständig ausgearbeiteten, modernen und lerntheoretisch perfekt strukturierten Trainingsplans
- Einbeziehung von Beschäftigungselementen auf dem Spaziergang
- Intensive Konzentrationsschulung (schrittweise Umsetzung der Übungen auch unter steigender Jagdablenkung – zunächst natürlich mit dem gesicherten Hund!)
- Umsetzung der Übungen 140 und 134, 149 und 150
- Auslastung mittels Suchaufgaben (auch zuhause umsetzbar)

> Manche Verhaltensauffälligkeiten, allen voran Probleme aus dem Bereich Angst und Panik sowie eine hohe Jagdambition machen ein sorgloses Ableinen und Üben des Rückrufs im Alltag (ganz anders als bei den unter Fehlerquelle 4 angesprochenen Welpen) tatsächlich unmöglich!
>
> Hilfe können diese Hunde nur durch eine fachgerecht angesetzte Therapie erfahren, die ein normales Trainingsniveau weit überschreitet. **Info-Link: www.lupologic.de**

Problem Nr. 3: Bewegungsreize

Bewegungsreize lösen bei vielen Hunden großes Interesse aus. Die Palette an Problemreizen ist lang. Sie umfasst unter anderem Autos, Radfahrer, Inline-Skater, Rollbrettfahrer, Jogger, tobende Kinder etc.

Die Tendenz, einem Bewegungsreiz folgen zu wollen, ist Hunden angeboren. Dieses Verhalten ist in den verschiedenen Rassen unterschiedlich stark ausgeprägt.

Nicht immer handelt es sich jedoch wirklich um Jagdverhalten. Bei vielen Hunden ist das Verhalten schlicht durch einen ungünstigen Trainingsansatz (meist unbewusst) verstärkt worden. Vielfach handelt es sich dann beispielsweise um eine Form von Aufmerksamkeit heischenden Verhaltens. Auch eine emotionale Steuerung kann im Einzelfall teil der Problementstehung sein (vgl. auch Problem Nr. 9 „Handlungsketten").

TIPPS ZUR PROBLEMLÖSUNG - BEWEGUNGSREIZE

- Genaue Analyse der Ursachen (speziell Abgrenzung von einem echten Jagdproblem)

- Vorausschauendes Handeln (rechtzeitiges Abrufen und Anleinen)

- Klassische Gegenkonditionierung in Bezug auf den Problemreiz

- Einbeziehung von Beschäftigungselementen auf dem Spaziergang

- Übung: Abrufen aus der Bewegung
  Downloadgutschein für die entsprechende Trainingsanweisung unter www.rueckruf-fibel.de ▶ ▶ ▶ UL20zCC14asA75

Problem Nr. 4: Fremde Hunde und Menschen

Für sehr viele Hunde ist die Kontaktaufnahme mit (fremden) Artgenossen und für ein paar weniger auch die mit fremden Menschen schon fast als „zwanghaft" zu beschreiben. Die bloße Wahrnehmung eines Artgenossen oder Menschen lässt diese Hunde loslaufen und all ihren „guten Gehorsam" vergessen. Leider stößt die Annäherung bei den „Zielpersonen" nicht immer auf große Begeisterung. Tatsächlich handelt es sich auch keinesfalls immer um eine stets freundliche und höfliche Kontaktaufnahme.

> **TIPPS ZUR PROBLEMLÖSUNG - BEGEGNUNGEN MIT FREMDEN HUNDEN UND MENSCHEN**
>
> - Genaue Analyse der Ursachen (Speziell: Was ist die Motivation des Hundes? Was führt er im Schilde?)
>
> - Vorausschauendes Handeln (rechtzeitiges Abrufen und Anleinen)
>
> - Klassische Gegenkonditionierung in Bezug auf den/die-Problemreiz/e
>
> - Einbeziehung von Beschäftigungselementen auf dem Spaziergang
>
> - Übung: Freundlich-höfliche Annäherung an Artgenossen und Menschen **Info-Link: www.rueckruf-fibel.de**
>
> - Schulung der Konzentration auf den Tierhalter

Problem Nr. 5: Fressverleitungen

Das Leben ist ein Schlaraffenland – zumindest im Glauben mancher Hunde, die keiner Fressverleitung widerstehen können. Neben weggeworfenen Nahrungsresten können sich die betroffenen Hunde aber auch für Kot diverser Lebewesen, Erbrochenes oder Unrat aller Art begeistern. Dies löst auf Seiten des Tierhalters häufig echte Verzweiflung und Ekel aus.

> **TIPPS ZUR PROBLEMLÖSUNG - FRESSVERLEITUNGEN**
>
> - Schulung der Konzentration auf den Tierhalter
>
> - Vorausschauendes Handeln (rechtzeitiges Abrufen und Anleinen)
>
> - Übungen aus dem Bereich der Selbstkontrolle*
>
> - Training eines Abbruchsignals*   *www.rueckruf-fibel.de

Problem Nr. 6: Stressbelastungen

Stress ist ein großes Wort, denn es umfasst alle inneren und äußeren Reize, die auf den betroffenen Hund einwirken. All diese Faktoren können aber tatsächlich eine konkurrierende Motivationslage darstellen, aufgrund derer der Erfolg im Rückruftraining deutlich erschwert werden kann. Was der Halter wahrnimmt ist, dass sein Hund nicht kommt, wenn er gerufen wird. Tatsächlich muss der Hund aber nicht zwingend „ungehorsam" sein. Manchmal hat er einen wirklich triftigen Grund nicht zu kommen und ist im Wahrheit keinesfalls stur, dickköpfig oder „dominant". Mit neutralem Blick von außen betrachtet, liegt die Ursache manchmal klar auf der Hand. In anderen Fällen ist ein wenig Forschungsarbeit zu leisten, um die wahre Ursache aufzudecken. Die Übersichten auf Seite 115 und Seite 123 sowie die Fehleranalyse im Team (S. 60) können helfen, um das Problem näher einzugrenzen.

> **TIPPS ZUR PROBLEMLÖSUNG - STRESSBELASTUNGEN**
>
> - Genaue Analyse des Problems (Speziell: Worauf richtet der Hund seine Aufmerksamkeit? Was genau tut der Hund, wenn er nicht kommt?)
> - Ist er gesund?
> - Wie ist die Motivation des Hundes?
> - Schulung der Konzentration auf den Tierhalter
> - Zielgerichtetes Training anhand der genauen Ursache (inkl. Managementmaßnahmen, verhaltenstherapeutischen Übungen, medizinischen Behandlungen im Krankheitsfall etc.).

Problem Nr. 7: Rudeldynamik

In Haushalten mit mehreren Hunden kann der Rückruf schwierig werden, wenn ein „Problemhund" mit dabei ist. Speziell wenn dieser für den oder die anderen Hund/e eine Vorbildfunktion hat. Ähnliches ist aber auch unter engen Hundefreunden, die sich regelmäßig treffen, zu beobachten vgl. Fehlerquellen 3 und 16).

Die meisten Sorgen in diesem Problemfeld bereiten hier Hunde mit hoher Jagdpassion, Hunde, die sich immer wieder in neugieriger bis unhöflicher Art fremden Artgenossen oder Menschen annähern oder Hunde mit einem „Prollproblem", denn all dies kann „ansteckend" sein.

TIPPS ZUR PROBLEMLÖSUNG - RUDELDYNAMIK

- Genaue Analyse der Störfaktoren und Fehler
- Vorausschauendes Handeln (rechtzeitiges Abrufen und Anleinen)
- Einrichtung von getrennte Übungszeiten unter voller Kontrolle und Konzentration des Tierhalters für den jeweils betroffenen Hund
- Schulung der Konzentration auf den Tierhalter
- Ggf. Aufbau eines ganz neuen, klassisch konditionierten Leistungssignals (gleiches Signal für alle Hunde – siehe Seite 106)
- Ggf. klassische Gegenkonditionierung in Bezug auf den bzw. die Problemreiz/e

Wenn mehrere Personen mit den Hunden spazieren gehen, kann die Vereinbarung getroffen werden, dass jeder Mensch die ganze Zeit hindurch jeweils nur für einen bestimmten Hund zuständig ist. Auf diese Weise wird schon einiges an Erleichterung geschaffen.

Die Kontrolle über den jeweiligen Hund sollte demjenigen übertragen werden, der den besten Zugang zu dem Hund hat.

Problem Nr. 8: Kritische Distanz

Der Hund reagiert innerhalb eines gewissen Radius durchaus prompt und freudig auf das entsprechende Rückrufsignal, jenseits einer gewissen Grenze jedoch nicht mehr bzw. nicht mehr zuverlässig. Dieses Phänomen ist meist mehreren Einzelfaktoren geschuldet. Die Ausstrahlung des Besitzers spielt ebenso eine Rolle, wie das Maß der konkurrierenden Ablenkungen, die jenseits der kritischen Distanz ihre Lockwirkung ausspielen. Manchmal gehen Problem 7 und 8 auch ineinander über.

TIPPS ZUR PROBLEMLÖSUNG - KRITISCHE DISTANZ

- Genaue Analyse der Ursache (Speziell: Welche Ablenkungen spielen für den Hund eine Rolle? Was tut der Hund, wenn er die kritische Distanz überschritten hat? Wie wird dann auf das Verhalten des Hundes reagiert?)

- Vorausschauendes Handeln (rechtzeitiges Abrufen und Anleinen) in Bezug auf mögliche Ablenkungen

- Einbeziehung von Beschäftigungselementen auf dem Spaziergang

- Schulung der Konzentration auf den Tierhalter

- Ggf. Aufbau eines ganz neuen, klassisch konditionierten Leistungssignals

Problem Nr. 9: Handlungsketten

Die gute Nachricht vorweg: Die betroffenen Hunde haben in den meisten Fällen durchaus einen guten Rückruf! Zudem haben Sie auch Freude daran, das Gelernte unter Beweis zu stellen. Das Problem liegt auf einer anderen Ebene: Sie bringen sich immer wieder aktiv in Situationen, in denen der Besitzer unter Zwang gerät, den Hund zu rufen. Der Zwang oder sagen wir die Handlungsnot des Besitzers entsteht dadurch, dass der Hund Dinge tut, die er nicht zulassen möchte. Daher ruft er ihn ab. Der Hund entwickelt jedoch Freude an der Gesamtsituation. Dieses Problem ist eng verbunden mit der Tendenz zu Aufmerksamkeit heischenden Verhaltens auch in anderen Bereichen.

TIPPS ZUR PROBLEMLÖSUNG - HANDLUNGSKETTEN

- Häufigeres „grundloses" Abrufen, wenn der Hund brav ist

- Einbeziehung von Beschäftigungselementen auf dem Spaziergang

- Schulung der Konzentration auf den Tierhalter, sofern mangelnde Konzentration ein Teil des Problems ist

- Ggf. neuer Aufbau eines Leistungssignals

- Ggf. klassische Gegenkonditionierung in Bezug auf den bzw. die Problemreiz/e

Unter Vorbehalt bzw. je nach Handlungskette kann auch der unten beschriebene Ansatz Erleichterung verschaffen. Beachtet werden sollte vorab aber unbedingt Folgendes: Die Reaktionen des Hundes, wenn sein Plan nicht aufgeht, sind unvorhersehbar. In manchen Fällen mag eine Rückruf-Erpresser-Schleife tatsächlich das kleinere Übel sein!

Da es sich bei den Handlungsketten indirekt um Aufmersamkeit heischends Verhalten handelt, ist der Entzug der vom Hund erwarteten „Belohnung" (nämlich dass Sie ihn abrufen) der springende Punkt.

Kreiern Sie gestellte und sichere Trainingssituation, in denen Sie es sich leisten können, Ihren Hund nicht abzurufen, um den Erfolg des Hundes in Bezug auf seine Verhaltensweise zu schmälern.

Schenken Sie ihm nur in den Momenten Beachtung, wenn Sie ihn aus freien Stücken und völlig losgelöst von seinen nutzlosen Versuchen Aufmerksamkeit aus Ihnen herauszukitzeln abgerufen haben und er sich wirklich zügig bei Ihnen eingefunden hat.

Den Hund, wie beschrieben ins Leere laufen zu lassen, ist vor allem dann aussichtsreich, wenn es sich um ein noch „frisches" und somit noch nicht so weit etabliertes Problem handelt.

Betrachtung der Gesamtsituation

Ich hoffe, es ist mir gelungen darzustellen, dass Rückruftraining eine variantenreiche Angelegenheit ist und würde mich freuen, wenn ich Ihnen vielleicht auch die ein oder andere Anregung für das Training des Rückrufsignals mit auf den Weg geben konnte. Der Rückruf ist für jeden Hund, der Freilauf haben darf, eine so essentielle Übung, dass sich jede Trainingsmühe lohnt. Mit einem positiven Trainingsansatz machen die Übungen zudem beiden Parteien Spaß.

Um schnell kleine und große oder gar durchschalgende Erfolge zu haben, ist eine gleichzeitig mit dem Übungen umgesetzte Fehlervermeidung die zweite wichtige Trainingssäule. In diesem Zusammenhang ist eine möglichst neutrale und ehrliche Bestandaufnahme wichtig. Fast jeder Hundehalter hat wohl irgendwann schon einmal den ein oder anderen der im zweiten Kapitel aufgeführten Fehlerteufelchen kennen gelernt und ist ihm erlegen gewesen. Zunächst mag man sich vielleicht etwas unwohl fühlen, wenn man dies realisiert. Jedoch ist genau diese Erkenntniss der entscheidende Knackpunkt für eine zukünftige Fehlervermeidung. Es sollte aus diesem Grund auch nicht als Tabu-Thema gehandelt werden - denn der schlimmste aller Fehler ist zu denken, man würde keine Fehler begehen.

Während der Trainingserfolg mit einem wohl durchdachten, gut strukturierten Trainingsansatz und der gleichzeitigen Fehlervermeidung steht und fällt, spielt für das schadfreie Führen des Hundes im öffentlichen

Bereich aber auch noch ein wenig Fingerspitzengefühl für Dritte eine Rolle. Nicht jeder andere Hund oder Mensch schätzt enge Kontakte zu fremden Hunden. Daher ist es ein Gebot der Höflichkeit, den Hund in bestimmten Situationen einmal zusätzlich abzurufen und/oder bei sich zu halten und eigentlich eine Halterpflicht, die leider nicht immer umgesetzt wird. Hundehalter, die sich auf die Rückrufleistung ihres Hundes verlassen können, haben hier leichtes Spiel. Es kostet sie keinerlei Mühe anderen Menschen (oder Hunden) durch ein kontrolliertes Führen bei Begegnungen entgegen zu kommen. Im Anhang II finden Sie die Zusammenstellung „Wann man rufen Sinn?", die diesen Aspekt noch etwas näher beleuchten soll. Und auch auf der Website der Rückruf-Fibel gibt es dazu noch weitere Informationen.

Ein kleines Bonbonchen habe ich mir noch für den Schluss aufgespart: Neben all der konzentrierten Trainingsarbeit soll ja auch der Spaß nicht zu kurz kommen. Daher hier noch ein Download-Gutschein (**www.rueckruf-fibel.de**) für eine Trainingsübung, die nichts mit dem Rückruf zu tun hat ▶ ▶ ▶ **Zuz23LL6hGs1Cc**

Bei der Umsetzung der Übungen wünsche ich Ihnen und Ihrem Hund viel Freude und Erfolg!

Herzliche Grüße!

Celius del Amo

Anhang I

Anhang I

Übersicht der in dieser Fibel verwendeten Rückrufsignale

Signal	Bedeutung	Einsatzmöglichkeit	Besonderheit
FREI	Freizeitkommando	Hund darf machen was er möchte	Konsequenz, Position
HIER	Herankommen und Vorsitzen	Hundesport	Definition der Endposition
KOMM	Zügiges Herankommen	Aus jedweder Position und Richung	Alltagssignal
JOKER	Spielkommando	Rückrufsignal für alle spielfreudigen Hunde	Ggf. hohe Erregungslage
ICI	Herankommen und Vorsitzen	Herankommen mit Vorsitzen im Alltag	Endpostion: Vorsitzen
ZU MIR	Such-Spiel-Signal	Beschäftigung, Spiel, Spaß-Rückruf	Naseneinsatz beim Rückruf
BLESS	Jetzt-oder-nie!	Hund ist unaufmerksam oder trödelt	Darf keine Angst erzeugen
# Pfiff	Leistungssignal	Notsituationen, Alltagssituationen	Emotionale Verknüpfung
Rückrufsichtzeichen	Herankommen in eine zuvor definierte Position	Tonsignale sind aufgrund der Umgebung nicht gut einsatzbar	Unauffällig, unabhängig von Umgebungsgeräuschen

Übersicht über weitere Signale in dieser Fibel

Signal	Bedeutung	Einsatzmöglichkeit	Besonderheit
AUS	Alles in der Schnauze Befindliche wird umgehend ausgespuckt	Hund hält etwas in der Schnauze z.B. beim Apport/Spiel	Wichtig: Verknüpfung mit persönlichem Erfolg
SITZ	Der Hund sitzt in ruhiger Art, bis die Übung aufgelöst wird	Es ist ein gewisses Maß an körperlicher Ruhe gefordert	Aufmerksamkeit bleibt erhalten
FUSS	In Bewegung: Laufen an der Seite des Menschen in paralleler Ausrichtung, körpernah und konzentriert	In Bewegung: Hundesport und Alltag z.B. beim Führen in kontrollierter Art an einer Ablenkung vorbei	In Bewegung: Erfordert ein hohes Maß an Konzentration
	Im Stehen: Einnehmen der Grundposition	Im Stehen: Bindung des Hundes in Position	Im Stehen: Mögliche Endposition für den Rückruf
LINKS	Einnehmen der Grundposition	Bindung des Hundes in Position	Alternative zum Kommando FUSS, falls der Hund unter FUSS nicht das Einfinden in der Grundposition gelernt hat

Mehr Informationen und Trainingsanleitungen zum Aufbau der hier aufgeführten Übungen finden Sie unter: www.rueckruf-fibel.de

Übersicht über rückrufassoziierte Übungen

Übung	Bedeutung	Einsatzmöglichkeit	Besonderheit
Name	Hund soll sich angesprochen fühlen	Hund ist unaufmerkmerksam oder mit dem Blick abgewandt; ggf. auch Aufmerksamkeitstest vor Einsatz des Rückrufsignals	Positve Assoziation mit dem Namen ist sinnvoll
Blickkontakt	Freiwillige Kontaktaufnahme mit dem Tierhalter	Wichtigste Basis-Übung für den Rückruf	Bindungsstärkend
Abwenden und Verlassen	Vermittlung vom Gefühl, dass der Hund eigenverantwortlich dafür ist, seinen Menschen nicht zu verlieren	Hund ist unaufmerksam oder trödelt	Achtung: keine Angst auslösen
Gestellte Rückruf-Situation	Hilfsperson hält den Hund zunächst fest	Sehr gut für Rückruf-Trainingsanfänger geeignet	Ablenkungsgrad kann reguliert werden
Vorsitzen	Sitzen in frontaler Ausrichtung, eng vor dem Menschen	Gehorsamsübung aus dem Hundesport, als Endposition für den Rückruf definierbar	Fällt schüchternen Hunden zunächst ggf. schwer
Grundstellung	Sitzen parallel und eng neben dem Menschen	Als Rückruf-Endposition definierbar	Bindung in der Position

Anhang II

Welche Übungen passen zu wem?

Übung	Inhaltliche Charakterisierung	Seite
Angucken ohne Kommando	Bindungsstärkende Basisübung für Trainingsanfänger sowie generell für Welpen und Junghunde, Hunde mit Jagdpassion oder Problemverhalten und leicht ablenkbare Hunde	S. 94
Der sichere Snack (Hund)	Vertrauen- und bindungsstärkende Basisübung für Trainingsanfänger sowie scheue und ängstliche Hunde oder Hunde, die erst seit kurzem bei ihrem Besitzer leben	S. 96
Richtungswechsel	Basisübung für Trainingsanfänger und Hunde, die ihrem Menschen draußen wenig Beachtung schenken	S. 99
Rückruf ohne Rufen	Basisübung für Trainingsanfänger und generell für Hunde, die ihrem Menschen draußen wenig Beachtung schenken	S. 100 S. 142 S. 152
Verstecken	Motivationssteigernde Übung für „unaufmerksamke" Hunde mit stabilem Nervenkostüm und grundsätzlich guter Bindung an ihren Besiter	S. 101 S. 161
Nähe zahlt sich aus!	Bindungstärkende Basisübung für Trainingsanfänger sowie generell für Welpen und Junghunde oder scheue Hunde	S. 130
Leistungssignal	Höchstmögliche emotionale Positivverknüpfung, auch Funktion eines „Notfallsignals" - für alle Hunde geeignet	S. 130 S. 142 S. 152

Anhang II

Welche Übungen passen zu wem?

Übung	Inhaltliche Charakterisierung	Seite
KOMM	Alltagssignal - für alle Hunde geeignet	S. 132 S. 144 S. 155
Kontrollierter Rückruf	Übung für Trainingsanfänger und fortgeschrittene Hunde, die in der Zielstrebigkeit zum Menschen zu laufen geschult werden sollen	S. 131 S. 144 S. 154 S. 158
Snack-Attack	Hochwertige emotionale Verknüpfung des Signals in Alltagssituationen - für alle Hunde geeignet	S. 132
Spiel-Verknüpfung	Übung für körperlich aktive, spielbegeisterte Hunde; AUS-Signal muss positiv besetzt sein	S. 134 S. 146 S. 159
Rückruf mit Vorsitzen	Übung mit definierter Endposition; zwei Varianten, daher Eignung sowohl für Familienhunde als auch für Hunde, die im Sport geführt werden, Einschränkung bei scheuen bis ängstlichen Hunden	S. 135 S. 146 S. 155 S. 158
Rückruf in die Grundposition	Übung mit definierter Endposition, auch geeignet für unsichere oder scheue Hunde	S. 138 S. 149 S. 156
Rückruf-Such-Spiel	Übung zur Beschäftigung mit „Rückruf-Hintergrund", für alle Hunde, die gerne spielen und ihre Nase einsetzen, auch für schüchterne bis ängstliche oder jagdlich ambitionierte Hunde	S. 140 S. 150 S. 157 S. 159 S. 160

Anhang II

Welche Übungen passen zu wem?

Übung	Inhaltliche Charakterisierung	Seite
Jetzte oder nie!	Übung mit „Warncharakter" für Hunde, die ihrem Menschen draußen wenig Beachtung schenken	S. 143 S. 161
Rückruf mit Sichtzeichen	Übung für Hunde, denen das Einnehmen der Grundposition bereits vertraut ist und die bereits gelernt haben, häufig und eigenständig Blickkontakt zum Besitzer aufzunehmen	S. 149
APPORT	Kombinationsübung für alle Hunde mit Freude am Spiel und an Objekten	S. 160 *
Anleinen	Basisübung für alle Hunde; speziell zu zu empfehlen auch für schüchterne bis ängstliche Hunde und Hunde kleiner Rassen	S. 98 *
Ableinen-Routine	Basisübung für alle Hunde sämtlicher Trainingsstufen; Ziel: Gefahrenprophylaxe und Vermeidung hoher Erregungslage beim Start in den Freilauf bzw. nach der Heimkehr nach Hause	S. 120
Name	Basisübung für alle Hunde beim Einzug des Tieres in den Haushalt bzw. vor dem Trainingsstart	*
Maulkorbtraining	Wichtige Übung für alle Hunde, die nur gesichert in den Freilauf entlassen werden können	*

* Mehr Trainingsanleitungen finden Sie unter: www.rueckruf-fibel.de

Übungsauswahl für Hund:

Übung	Trainingsziel	Seite

Ein Übungsplan zur Kontrolle des Trainigsverlaufs steht online zum Download für Sie bereit: **www.rueckruf-fibel.de**

Wann macht Rufen Sinn?

Der „gewinnbringende" Einsatz des Rückrufsignals ist an viele Bedingungen geknüpft. Auf der einen Seite steht der Hund und sein Gehorsamstraining, auf der anderen Seite die Halterwünsche aber auch die Halterpflichten im öffentlichen Miteinander, zum Beispiel in Situationen, in denen andere erwachsene Menschen, spielende Kinder, fremde Artgenossen oder Wild zugegen sind.

Hier eine kleine Übersicht, um die Entscheidungsfindung zu erleichtern, ob und wenn ja welches Signal oder welche Maßnahme zum Einsatz kommen sollte (mehr Infos finden Sie unter **www.rueckruf-fibel.de**):

Trainingsanfänger	• Einsatz aller „wichtigen" Signale nur in kontrollierten Trainingssituationen ohne Ablenkung
	• Ggf. Einsatz eines Alltagssignals, bei dem ein Nichtbefolgen in Kauf genommen wird
	• Besser ist jedoch in schwierigen Situationen (aus Traininggründen) das Einsammeln oder ein Test mit dem Namen, statt des unüberlegten Signaleinsatzes
	• Vorausschauendes Handeln z.B. durch rechtzeitige Hilfestellung und Kontrolle (Ablenken oder kontrolliertes Führen an der Leine), wenn ein hohes Ablenkungsmaß oder generell schwierige Situationen zu meistern sind
	• Vermeidung des „Signalmissbrauchs" in allen Situationen, in denen ein prompter Gehorsam unwahrscheinlich ist

Fortgeschrittene Schüler	• Es gelten nach wie vor die für Trainingsanfänger gültigen Regeln
	• Einzige Veränderung: in den Trainingssituationen wird schrittweise die Anforderung gesteigert
Meisterschüler	• Vorausschauendes Handeln und gute Beobachtung des richtigen Moments, um den Hund abzurufen (ideal ist, er konzentriert sich schon vorab auf den Tierhalter)
	• Vorsicht ist in Situationen geboten, in denen sich der Hund bereits auf etwas anderes eingeschossen hat, um das Signal nicht zu verpfuschen
Profis im Alltag	• Das Rückrufsignal kann in allen Situationen eingesetzt werden
	• Um die Trainingsfreude aufrecht zu halten, sollte das Signal auch immer einmal wieder zwischendurch verwendet und bei entsprechender Leistung gut bezahlt werden

Auch die eigene Ehrlichkeit bringt einen bei der Entscheidungsfindung weiter, speziell wenn es um tendenziell schwierige Situationen geht, wie etwa eine Begegnung mit Wild, Artgenossen, Menschen, andere Bewegungsreize oder auch „nur" Fressverleitungen, die Möglichkeit im Wasser zu planschen, in der Erde zu Buddeln oder Ähnliches. Solange diese Situationen im Training nicht erfolgreich durchgespielt wurden, ist es schlicht unwahrscheinlich, dass der Hund im Alltag unter diesem Ablenkungsmaß von Anfang an perfekten Gehorsam zeigt. Die Problemprophylaxe obliegt in diesen Fällen einzig und allein dem Tierhalter!

Die Autorin

Celina del Amo ist Tierärztin mit der Zusatzbezeichnung Verhaltenstherapie für Hunde und Katzen. Neben ihrer Tätigkeit als Tierärztin arbeitet sie auch als Hundetrainerin bzw. Coach für Hundetrainer und Hundehalter.

Sie gibt europaweit Workshops und Seminare. Ihre Themenpalette umfasst im klinischen Bereich sämtliche Bereiche der tierärztlichen Verhaltenstherapie. Ihre Kurse richten sich jedoch nicht nur an Tierärzte und tiermedizinische Fachangestellte. Auch Hundetrainer, Hundezüchter, Hundehalter und interessierte Laien profitieren seit Jahren von ihrem bereitwillig und auf unterhaltsame Art vermittelten Wissensschatz.

Die fachgerechte Welpenförderung und strukturierte Trainingsarbeit mit Junghunden zum Aufbau von freudigem und zuverlässigem Grundgehorsam mit dem Ziel der Problemprophylaxe ist ihr ein besonderes Anliegen.

Weitere Arbeitsschwerpunkte im Training sind Beschäftigungsmaßnahmen für Hunde aller Altersstufen sowie die therapiebegleitende Anwendung von physiotherapeutischen Trainingsübungen für den kranken oder alten Hund.

Ihre Bücher über Hundetraining sind bei Fachprofis und privaten Hundehaltern gleichermaßen beliebt und bereits in viele Sprachen übersetzt.

Celina del Amo sagt: „Ein guter Rückruf ist im Zusammenleben mit dem Hund unbezahlbar! Je besser der Rückruf ist, desto mehr Freiheiten kann man dem Hund bieten und zwar ohne dies auf Kosten von Dritten zu tun. Hunde sind hoch intelligente Lebewesen, denen zu ihrem eigenen Wohl auch bestimmte Leistungen abverlangt werden dürfen. Sie lernen am stressfreisten durch einen gut strukturierten und straffrei vermittelten Trainingsweg."

Übersicht über die bisher erschienenen Titel

1997 Spielschule für Hunde, Verlag Eugen Ulmer
1999 Probleme mit dem Hund, Verlag Eugen Ulmer
2000 Welpenschule, Verlag Eugen Ulmer
2001 Der Hundeführerschein, Verlag Eugen Ulmer
2003 Hundeschule „Step by Step", Verlag Eugen Ulmer
2004 Spaßschule für Hunde, Verlag Eugen Ulmer
2005 Hunde-Trainingstagebuch, Verlag Eugen Ulmer
2006 Welpentrainingskarten, Verlag Eugen Ulmer
2007 Spiel- und Spaßschule für Hunde, Verlag Eugen Ulmer
2009 Dogdance, Verlag Eugen Ulmer
2011 Abenteuer für Hunde, Verlag Eugen Ulmer
      Der Sachkundenachweis (SKN Schweiz), Verlag Eugen Ulmer
      Das Trainerhandbuch, Verlag Eugen Ulmer
      Ideen und Spiele für die Welpengruppe, Verlag Eugen Ulmer
2012 Sachkundenachweis für Hundehalter (D), Verlag Eugen Ulmer

Celina del Amo
▷▷ **Spielschule für Hunde**
Verlag Eugen Ulmer
ISBN: 978-3-8001-6747-0
Preis: 9,90 EUR

Celina del Amo
Spaßschule für Hunde   ◁◁
Verlag Eugen Ulmer
ISBN: 978-3-8001-5662-7
Preis: 9,90 EUR

Celina del Amo
▷▷ **Welpenschule**
Verlag Eugen Ulmer
ISBN: 978-3-8001-5956-7
Preis: 14,90 EUR

Celina del Amo
Trainingskarten für Welpen ◁◁
Verlag Eugen Ulmer
ISBN: 978-3-8001-7658-8
Preis: 9,90 EUR

Hrsg: Celina del Amo, Viviane Theby
▷▷ **Handbuch für Hundetrainer**
Verlag Eugen Ulmer
ISBN: 978-3-8001-5427-2
Preis: 49,90 EUR

Celina del Amo
Die Regenbogenbrücke - ◁◁
Ein kleiner Hase in Trauer
Books-on-Demand GmbH
ISBN: 978-3-8423-6658-9
Preis: 7,90 EUR

Mehr Informationen über die Arbeit der Autorin als Tierärztin und Hundetrainerin erhalten Sie unter:

www.lupologic.de

Lupologic GmbH
Zentrum für angewandte Kynologie und klinische Ethologie

info@lupologic.de

www.hundetraining-online.de
Trainingsprogramme für Hundehalter und Hundetrainer
von Celina del Amo und Viviane Theby

Danksagung

Mein besonderer Dank gilt meiner Kollegin Felicitas Behr für ihr wertvolles Feedback im Entstehungsweg dieses Projekts und ihre gesamthafte Unterstützung in allen Belangen sowie Viviane Theby für so viele Inspirationen in all den Jahren.